LIVRE DE LECTURE COURANTE

GENEVIÈVE & MICHEL

LEÇONS DE MORALE
Résumées en Sentences

NOTIONS DE JARDINAGE, D'HISTOIRE NATURELLE, DE BOTANIQUE
CLASSIFICATION DE LA CRYPTOGAMIE
USAGES, COUTUMES ET PRODUITS DE L'ALGÉRIE

PAR

Mme Julia BÉCOUR

(Ouvrages couronnés. Médailles d'or : Lille, Rouen).

LILLE
IMPRIMERIE-LIBRAIRIE CAMILLE ROBBE, ÉDITEUR
Rue Léon-Gambetta, 209

1890.
(Tous droits réservés. — Déposé).

LIVRE DE LECTURE COURANTE

GENEVIÈVE & MICHEL

LEÇONS DE MORALE
Résumées en Sentences

NOTIONS DE JARDINAGE, D'HISTOIRE NATURELLE, DE BOTANIQUE
CLASSIFICATION DE LA CRYPTOGAMIE
USAGES, COUTUMES ET PRODUITS DE L'ALGÉRIE

PAR

Mme Julia BÉCOUR

(Ouvrages couronnés, Médailles d'or : Lille, Rouen).

LILLE
IMPRIMERIE-LIBRAIRIE CAMILLE ROBBE, ÉDITEUR
Rue Léon-Gambetta, 209

1890.

(Tous droits réservés. — Déposé).

GENEVIÈVE & MICHEL

1. — Rien ne rend heureux comme un succès mérité.

La porte de l'école communale s'ouvre, et comme une nuée de moineaux s'échappant de leur cage, des jeunes garçons s'écoulent en rangs pressés.

La surveillance du maître contient leur instinct bruyant et querelleur, mais au tournant de la rue les élèves se débandent.

Un cercle de curieux entoure les lutteurs, mais l'heure du dîner approche, l'estomac crie famine, et les enfants se dispersent.

Un garçonnet de mise simple et soignée contemple avec intérêt la lutte de deux grands élèves, il rit de leur ardeur au pugilat et pour un peu applaudirait, mais le combat cessant faute de combattants, il relève son carton d'un coup sec des épaules et regagne le temps perdu. Ses cheveux noirs débordant de sa casquette, sa figure d'une carnation fraîche et saine, ses yeux bruns, vifs et intelligents, sa démarche délurée firent retourner quelques passants qui murmurèrent : Quel beau petit homme !

En approchant d'une vaste habitation de luxueuse apparence, il se mit à courir, s'arrêta devant l'annexe modeste du château, ouvrit la porte et se précipita dans la maison en criant à tue-tête :

— Je suis premier, je suis premier, c'est la troisième fois cette année.

Et comme ces mots ne suffisent pas à toute la manifestation de sa joie, il jette sa casquette en l'air et se livre à des ébats chorégraphiques qui tiennent de la polka, du quadrille et de la valse, en répétant :

— Le maître a raison : Rien ne rend heureux comme un succès mérité.

2. — Avec de la persévérance et de la volonté on vient à bout de tout.

Près du poêle, riant à gorge déployée, un homme regarde Michel.... C'est Alain, le père du jeune garçon ; il est vêtu comme un ouvrier et ses mains portent les stigmates du travail.

— Je suis content, très content, répète Michel qui laisse enfin en repos ses bras et ses jambes.

— Et moi donc, répondit Alain, puis il alla vers l'escalier.

— Hé! Sylvie, crie-t-il, notre Michel est encore premier !

— Je descends, répond une voix partant d'en haut.

Sylvie dégringole les marches, un balai d'une main, un plumeau de l'autre.

— C'est donc vrai, petiot, tu as encore une bonne place ? Viens vite m'embrasser.

Attributs de ménagère.

Michel court vers sa mère qui laisse glisser ses attributs de ménagère pour mieux étreindre le cher enfant dont les succès l'enorgueillissent.

Elle s'arrête, reste debout devant son enfant.

— Ainsi, dit-elle, notre Michel deviendra un savant... Comme je suis fière d'avoir un enfant intelligent et studieux.

— Cela me fait aussi grand plaisir, répond Alain, mais nous oublions le dîner. Je vais t'aider à mettre le couvert.

Et il tire du buffet de noyer bien ciré, les assiettes et les verres; Sylvie sert la soupe et quand le plus gros appétit est satisfait, Alain reprend :

— Quand je pense qu'autrefois les enfants des pauvres gens et même ceux des ouvriers, des paysans ne savaient pas lire, et qu'aujourd'hui tous peuvent et même doivent apprendre, je dis qu'on n'a pas perdu de naître à notre époque.

— Toi, père, tu ne savais pas lire, demande Michel, qui reprend haleine en attendant le ragoût que sa mère tire de la casserole.

— Je ne savais ni A ni B, mon garçon. Mes parents, de braves cultivateurs, devaient payer trente sous par mois — en ce temps on comptait par sous — pour envoyer chacun de leurs enfants à l'école, et ils se disaient :

— Savoir lire à quoi cela servira-t-il à Alain? pourvu qu'il sache gagner sa vie, c'est l'essentiel, et nous serions bien sots de dépenser notre argent pour donner à nos enfants une instruction qui ne rapporte rien. Je serais donc resté ignorant si je n'avais tiré un mauvais numéro.

— Comment cela? demande Michel intéressé.

— Quand je suis arrivé au régiment, j'ai dû recourir aux camarades pour lire et écrire mes lettres, j'en ai été honteux et je me suis dit : — Alain, tu es jeune, pas plus sot qu'un autre, tu apprendras à lire. — A vingt-et-un ans c'est difficile, mais avec de la volonté et de la persévérance, on vient à bout de tout. Dix-huit mois après je lisais, j'écrivais, j'étudiais la grammaire, le calcul et, comme j'étais occupé, je ne faisais pas de sottises, comme tant d'autres soldats. Mes chefs m'estimaient, me notaient bien ; j'avais de l'avancement. Mais je bavarde, et ce sont mes bras et non ma langue qui gagnent notre vie. Je vais reprendre ma besogne ; toi, Michel, repasse tes leçons et continue à satisfaire tes parents et tes professeurs.

3 — La propreté et le goût peuvent tenir lieu de luxe.

Alain est jardinier. Il y a treize ans qu'il s'est présenté, en demandant de l'ouvrage, chez M. Malbert, un des grands capitalistes de Lille et propriétaire du château, où se passe cette histoire.

Château de M. Malbert.

M. Malbert, en voyant les bonnes notes de l'ancien militaire, sorti de l'armée avec le grade de sergent, n'a pas hésité à lui donner la préférence.

Mme Malbert avait depuis plusieurs années, une femme de chambre nommée Sylvie. C'était une fille qu'Alain avait connue dès son jeune âge. Alain bientôt s'ennuya d'être seul, il pensa ne pouvoir trouver une meilleure compagne que Sylvie et demanda à M. et Mme Malbert si ce mariage leur agréerait et s'ils voudraient bien donner à leur femme de chambre l'emploi de concierge alors vacant.

M. et Mme Malbert avaient une égale estime pour les deux serviteurs, ils ne firent aucune objection à ce projet d'union et témoignèrent par des cadeaux et certains privilèges leur satisfaction pour l'honnêteté, le courage, et la bonne tenue du jardinier et de la femme de chambre.

M. et Mme Malbert firent améliorer une dépendance de la maison, y installèrent le nouveau ménage et firent don d'un berceau et d'une layette lorsque naquit le petit Michel, qui a onze ans quand commence ce récit.

C'est un samedi de Février : la cuisine, où Michel vient d'annoncer son succès, est en ordre ; un poêle brillant y répand une douce chaleur. Tout est soigné, frotté, il n'y a nul grain de poussière, nul témoignage de négligence ni de désordre ; Sylvie, l'active ménagère, le tablier de toile grise devant elle, promène, tout en causant avec Michel, son regard investigateur en quête de ce qui pourrait déparer l'harmonie de ce ménage d'ouvrier où la propreté et le goût tiennent lieu de luxe.

4. — Les enfants doivent avoir de la reconnaissance pour ceux qui les instruisent.

Michel est un bon petit garçon, il aide sa mère à remettre en place les ustensiles de ménage, tout en babillant comme une pie.

Il fait un récit très détaillé de l'inconduite d'Adolphe qui est son condisciple et parent éloigné.

— Oui, dit-il, le maître l'a menacé, encore ce matin, de le renvoyer de l'école, car non seulement c'est un paresseux, mais encore il est malhonnête envers le professeur.

A cette énormité, Sylvie s'arrête, les bras chargés de vaisselle, et pousse des exclamations indignées.

— Est-il possible, dit-elle, que des enfants soient si mal élevés !... Les professeurs ont une grande charge, et nous leur devons de la reconnaissance pour l'instruction qu'ils donnent et la peine qu'ils ont de moraliser tant de gamins gâtés et grossiers en leur langage et leurs manières.

Et quand elle a mis en place les assiettes et les verres, elle reprend ce sujet.

— Vois, dit-elle à Michel, comme Mlle Geneviève est respectueuse avec son institutrice, mais aussi elle est bien élevée, convenable avec tout le monde.

— C'est vrai, dit Michel, pourtant M. et Mme Malbert sont très riches.

— Cela ne les empêche pas de soigner l'éducation de leur fille et la chère Demoiselle est si polie, si aimable, qu'elle est aimée de tous.

— C'est si triste de penser qu'elle est toujours malade !... Comment va-t-elle aujourd'hui ? l'as-tu vue ce matin ?

— Oui, elle m'a fait demander et m'a dit de t'envoyer demain chez elle si tu avais une bonne place.

— Quelle chance, s'écrie Michel, je suis premier et peut-être que Mlle Geneviève m'engagera à passer l'après-midi avec elle.

— Cela se pourrait, dit Sylvie.

5. — Les qualités morales conquièrent mieux l'estime que la fortune.

Geneviève, l'unique enfant de Mme Malbert, est une jolie fillette de treize ans, mais son teint est pâle comme les fleurs étiolées poussant à l'ombre, et ses yeux bleus ont une expression mélancolique.

Délicate dès son jeune âge, Geneviève a fait une chute et depuis lors ne marche plus. Le repos complet, la position horizontale peuvent seuls amener sa guérison complète. Elle est donc toujours étendue sur une chaise longue ou dans une voiture que l'on pousse dans le jardin.

Mme Malbert a prié une de ses anciennes amies de pension, qui n'a plus de famille, de vouloir bien se charger de l'éducation de Geneviève.

Mlle Sensée a ses deux brevets. C'est une grande personne maigre, vêtue d'étoffe sombre, portant des lunettes bleues, de sorte qu'on ne voit jamais l'expression de son regard, mais elle a un sourire très doux, une voix sympathique, de jolies mains d'une adresse remarquable ; elle fait tout ce qu'elle veut de ses doigts, et Geneviève aime tendrement son institutrice.

Geneviève est studieuse et ne s'ennuie pas, malgré sa triste position. Elle regarde néanmoins avec regret les longues allées du jardin où elle courait si volontiers autrefois.

Geneviève est très douce, très polie envers ses inférieurs, qui, pour lui plaire, font plus que leur service et sont ingénieux pour lui éviter un moment d'ennui.

M. et Mme Malbert chérissent leur fille ; ils habitent la campagne toute l'année et sont connus dans le quartier pour le bien qu'ils font aux pauvres.

M. Malbert, retiré de l'industrie, consacre son temps aux affaires publiques et aux œuvres de bienfaisance. Mme Malbert seconde son mari dans sa tâche philanthropique, tâche souvent ingrate pour ceux qui veulent faire le bien avec justice et qui distribuent impartialement les secours toujours trop restreints que réclament les indigents.

Cette famille jouit d'une grande estime bien plutôt due à ses qualités morales qu'à sa grande fortune.

6. — Ceux qui n'avancent pas reculent et celui qui cesse d'étudier perd peu à peu ce qu'il avait acquis.

Le lendemain, Michel se rend à la salle d'étude où Geneviève se tient presque toujours avec son institutrice.

— Bonjour Michel, s'écrie la fillette, viens vite recevoir mes félicitations. Je suis heureuse de tes succès. Mes parents ont même décidé de te donner une récompense et m'en laissent le choix. Assieds-toi et causons. Maman m'autorise à te garder toute l'après-midi, nous goûterons ensemble, et je te montrerai mes jouets.

Michel est enchanté, il comprend que Mme Malbert, en le recevant ainsi, lui donne une grande preuve d'estime. Sylvie a fort bien élevé son enfant, il sait se taire à propos, ne répète aucun des vilains mots qu'on entend parfois dans la rue, il est discret, et Mlle Sensée accueille toujours amicalement le fils du jardinier.

Geneviève interroge Michel sur ses compositions, il raconte les incidents de la vie d'écolier et il rit aux éclats des balourdises des nouveaux élèves

— Soyons sérieux, dit Geneviève, interrompant cette bruyante gaité, je pense t'offrir un beau livre, seras-tu satisfait?

— J'accepterai ce que vous voudrez, dit Michel sans avoir l'air charmé de l'offre de la fillette.

— Vous lui prêtez vos livres, objecte Mlle Sensée, et Michel, je le vois, préférerait autre chose.

— Veux-tu un jouet, reprend Geneviève, mais lequel ?... Les garçons n'ont point de poupée... Maman t'a donné pour tes étrennes un carton, un plumier et tu as eu de ton parrain un cheval de bois. Est-ce que cela t'amuse beaucoup les jouets ?

— Non, dit Michel, je préfère suivre mon père au jardin, je l'aide quelquefois et il m'explique la manière de cultiver les plantes. Il s'y connaît fort bien, et même le soir il lit des ouvrages traitant de l'horticulture, car il prétend qu'on ne doit jamais cesser de s'instruire.

Instruments de jardinage.

— Ton père a raison, dit Mlle Sensée, car ceux qui n'avancent pas reculent et celui qui cesse d'étudier perd peu à peu ce qu'il avait acquis. Mais dis-nous donc ce que tu voudrais avoir ?

Michel hésite et enfin avoue que, depuis longtemps, il souhaite posséder une bêche, un râteau et une houe.

— Tu auras tout cela, dit Geneviève, je puis te donner plus encore. Que veux-tu, dis-le-moi ?

— Je ne sais pas, Mademoiselle.

— Votre avis, s'il vous plaît, demande Geneviève à Mlle Sensée.

— Mon avis ne vous plaira peut-être pas, ma chère enfant, je vous conseille d'offrir à Michel un livret de caisse d'épargne.

— Oh ! oui, dit Michel, tout heureux, en classe beaucoup d'élèves en ont et le maître nous engage à placer notre argent plutôt que de dépenser en sucreries les sous qu'on nous donne.

— C'est un des meilleurs conseils qu'on puisse vous donner, ne l'oublie jamais Michel. Je sais qu'il est des gens trop pauvres pour mettre même un sou de côté, mais il en est beaucoup qui gaspillent en futilités quelques sous par semaine, et je parle de ceux-là. Ainsi c'est entendu, Michel, tu prendras un livret et Geneviève te remettra pour faire le premier apport de ta petite épargne le surplus des vingt francs que Mme Malbert lui avait donné pour t'acheter un objet de ton choix.

7. — L'économie est la base de l'aisance.

Le lendemain Michel est soucieux.

— Qu'as-tu, lui demande son père? Es-tu puni, tes devoirs sont-ils trop difficiles ?

— Non, non, dit Michel.

— Pourtant tu as une inquiétude.

— Je pense à quelque chose d'important.

— Eh bien, dit Sylvie, tu vas nous confier ce qui te préoccupe, je suis curieuse de connaître cette grave affaire.

— Je suis sorti de classe avec Adolphe; il m'a reconduit jusqu'ici ; je lui ai raconté ce que Mlle Geneviève m'a dit hier, il s'est moqué de moi.

— Comment, s'écrie Sylvie indignée, il s'est moqué de toi et peut-être aussi de Mlle Geneviève?

— Adolphe prétend que je suis un sot, continue Michel, d'avoir accepté un livret de caisse d'épargne, que l'économie ne sert qu'aux gens riches qui ont de grosses sommes à mettre de côté et qu'il est préférable de profiter de ce qu'on a.

— Est-ce tout, demande Alain ?

— Il a ajouté : Un tu l'as vaut mieux que deux tu l'auras.

— Et cela signifie ?

— Que j'aurais dû engager Adolphe à manger avec moi des pâtisseries. « Ainsi, m'a-t-il encore dit, tu aurais profité de la générosité de Mme Malbert, tandis qu'en plaçant cet argent tes parents pourront encore le reprendre plus tard et se l'approprier. »

— Quel méchant drôle ! s'écrie Alain.... La mère d'Adolphe est notre parente, sans cela je t'aurais déjà défendu de parler à ce garçon. Je n'aime pas les enfants qui pérorent à tort et à travers et veulent tout connaître mieux que leurs parents. Ce galopin est-il dans ta classe ?

— Oui, père. Il est le plus âgé des élèves. Le maître dit qu'Adolphe ne manque pas de moyens mais qu'il est trop paresseux pour arriver à un bon résultat. Il est pourtant si amusant !... Il fait des farces et dit des choses si comiques que nous rions malgré nous.

— Tu t'éloigneras de lui, mon enfant, les mauvaises sociétés donnent de mauvaises pensées, et de la pensée à l'action il n'y a pas loin. Le père d'Adolphe va trop souvent à l'estaminet, sa mère est fort débile, elle ne peut travailler, et cet intérieur n'est guère agréable, car les enfants au lieu d'aider leur mère, de lui obéir, regimbent quand elle leur donne un ordre et agissent à leur fantaisie.

— Je veux que Michel se garde d'Adolphe, reprend Sylvie. Ce garçon, qui aura bientôt quatorze ans, n'a même pas encore son certificat d'études, et il devrait, au lieu de détourner les autres du droit chemin, alléger la charge de ses parents, qui sont souvent dans une grande gêne. J'en sais quelque chose ; ils m'ont emprunté de l'argent, et quand il n'y a ni chômage, ni grave maladie, on ne doit pas faire de dettes, car c'est le début de la ruine pour les petits et les grands. Mme Malbert m'a souvent répété cela et je constate que l'économie est la base de l'aisance.

C'est en suivant ses conseils qu'à mon mariage j'ai pu acheter du linge et des meubles. Depuis j'augmente chaque mois ma réserve. Quelque petite somme que ce soit, je la mets de côté et je suis surprise à la fin de l'année du résultat obtenu. Les enfants doivent s'accoutumer à ne rien gaspiller et ils conserveront cette bonne habitude quand ils seront maîtres de leurs actions.

Michel trouve qu'en effet il est fort agréable d'avoir de bons parents qui pourvoient aux besoins de leurs enfants, leur donnent encore le superflu en beaux vêtements, en fruits, en gâteaux, les jours de fête; il ne pense plus aux mauvais conseils d'Adolphe et reprend gaiement le chemin de l'école en se proposant de mériter toujours l'estime de ses parents et de ses professeurs.

8. — L'air est l'aliment de vie.

Geneviève a fait acheter les instruments aratoires que désirait Michel, ils sont bien faits, solides, brillants, et Alain promet à son fils de le laisser travailler au jardin le jeudi lorsqu'il fera beau.

Mais le printemps approche sans adoucir la température. Michel regarde chaque matin les nuages, ils courent vite, vite, se succèdent sans relâche, s'amoncellent et tombent en grosses averses ou en pluie fine. La terre détrempée n'est bonne à aucune culture. Alain abandonne le jardin et passe son temps dans les serres où il fait des semis et repique les boutures qui formeront des massifs variés et des bordures.

Michel s'impatiente de ne pouvoir essayer ses outils et Geneviève devient maussade de la persistance du mauvais temps.

Toujours étendue sur sa chaise longue, la pauvre enfant est de plus en plus souffrante. Sa pâleur n'est même plus atténuée par une légère teinte rosée. Geneviève est frileuse comme les personnes affaiblies et elle frisonne au moindre souffle de l'air extérieur. Les fenêtres restent closes. La maison est chauffée par un calorifère et la chère malade n'a aucun rhume à craindre.

Aussitôt qu'apparaît un rayon de soleil, Geneviève, enveloppée dans une grosse couverture, est portée dans sa voiture et conduite au dehors. Mais la triste fillette supplie qu'on abrège le temps de sa promenade. Elle est lasse, dit-elle, de voir les arbres dénudés se courber sous la bise glaciale, elle prétend que les perce-neige, les crocus, ces frêles fleurs d'hiver, ont l'air de grelotter et qu'elles lui font peine à voir.

Pourtant voici que les jonquilles, les jacinthes élancent leurs tiges et leurs feuillages lanceolés et que les pâquerettes sortent du gazon verdoyant, étalant, comme d'élégantes petites filles, leurs collerettes tuyautées et découpées autour de leurs pistils d'or.

Jacinthes.

Melle Sensée fait remarquer à Geneviève ce premier sourire de la nature, avant-garde de la brillante floraison printanière, mais Geneviève secoue sa tête blonde et répond de sa voix triste :

— Rentrons, je vous en prie, Mademoiselle, ici rien ne me plaît, rien ne m'intéresse.

— Ma chère enfant, dit Mlle Sensée, votre tristesse est un effet de votre état maladif, de votre affaiblissement, et votre santé ne pourra s'améliorer tant que vous vous obstinerez à ne point respirer l'air pur du dehors. Vos poumons ont besoins d'oxygène. Vers le soir, votre respiration s'accélère sous l'influence de la fièvre, il vous manque l'aliment de vie — c'est ainsi que l'air était nommé des anciens — l'air sans lequel votre nourriture ne saurait profiter, et vous me désolez en diminuant chaque jour la durée de vos promenades.

— Je m'ennuie tant, Mademoiselle, dans ces longues allées.... Je regrette chaque jour davantage de ne pouvoir visiter mes amies. Je voudrais me promener en ville où l'on voit à la devanture des magasins de si jolis objets. Il est cruel d'être réduite à ne point marcher et je ne crois pas qu'il y ait au monde une personne aussi malheureuse que moi.

— Geneviève, que dites-vous ?... Vous méconnaissez la tendresse de ceux qui vous entourent, leur dévouement, et pour vos parents vous devriez être plus résignée et repousser les regrets qui vous consument.

Mais quoi que dise Mlle Sensée, le caractère de son élève s'aigrit, elle pleure, s'impatiente et ne s'intéresse plus à rien.

Ses parents, ses amis plaignent l'enfant et s'inquiètent de la voir ainsi, ils redoutent qu'elle reste volontaire, capricieuse et qu'elle perde la douceur et la bonté qui lui attachaient tous les cœurs.

9. — Ce que nous devons à notre travail nous est toujours plus cher.

Dans la modeste maison du concierge, l'état de Geneviève devient l'habituel sujet de conversation.

— Comment distraire la chère demoiselle,

répète sans cesse Sylvie, je l'ai vue naître, je l'ai bercée, portée, amusée et elle m'est quasi aussi chère que notre Michel. Elle a si bon cœur, et puis elle est si aimable, si polie !...

— Mais, dit Alain, puisque le grand air est pour elle comme une espèce de médication, il faudrait la laisser dehors le plus longtemps possible. Apparemment que les gens sont comme les plantes qui ne deviennent jamais vigoureuses quand l'air leur fait défaut.

— Oui, dit Michel, d'un petit ton sentencieux. Mlle Sensée est lasse de répéter cela, mais c'est comme si elle chantait l'air de Malbrough.

Mlle Geneviève répond :

— Je m'ennuie, je m'ennuie !

— Si elle marchait tant soit peu, dit Alain, on lui conseillerait de faire un petit jardin, c'est amusant pour tous les enfants. Nous sommes en Mars, il faudra bientôt que je travaille sans relâche, et si Mlle Geneviève s'intéressait à l'horticulture, elle consentirait à rester au grand air.

Sylvie approuve fort l'idée d'Alain et s'en va dès le lendemain rejoindre Mlle Sensée pour lui en faire part. Geneviève écoute cela en soupirant.

— Un jardin, un jardin murmure-t-elle ; oui, c'est fort agréable. Autrefois j'aimais les plantes que j'avais mises en terre, je les voyais grandir, boutonner et fleurir avec tant de joie !... Ce que nous devons à notre travail nous est toujours plus cher. A présent qui pourrait arranger tout cela à mon idée ? Pour faire un jardin d'après le goût des autres, ce n'est pas la peine.

— Mais Alain vous rendra volontiers tous les services que vous lui demanderez, dit Mlle Sensée.

— Alain a déjà tant de besogne en cette saison que je craindrais de lui faire négliger des travaux plus utiles.

— Vous prendrez Michel comme aide-jardinier, il est leste, vigoureux, courageux, et le travail manuel lui sera salutaire.

Le regard de Geneviève s'anime. Mlle Sensée et Sylvie insistent et enfin la jeune malade sourit.

— Je demanderai à mes parents si ce projet leur plaît, dit-elle.

— J'en réponds d'avance, dit l'institutrice, et Sylvie va tout aussitôt nous dire quand Michel pourra entrer en fonction, mais il ne devra pas négliger ses études même pour vous être agréable.

10. — Il faut consulter les gens expérimentés.

Le lendemain, jeudi, Michel, très grave, ajuste un tablier bleue, garni par devant d'une large poche. Sylvie noue les cordons, examine son enfant, le fait tourner comme une toupie, brosse encore son veston, lisse ses cheveux et dit en se reculant pour mieux le contempler.

— Mlle Geneviève sera fière de son jardinier. Sois bien poli, très raisonnable.

Michel affirme de nouveau ses bonnes intentions, met sur son épaule la bêche, la houe, le râteau, cadeau de Mme Malbert, et s'en va vers le fond du jardin.

Le rendez-vous est au bout de la pelouse. Geneviève est là dans sa longue voiture poussée par son père, Mme Malbert et Mlle Sensée sont à côté de la fillette et Michel se tient un peu en arrière, toujours ses outils sur l'épaule comme s'il s'apprêtait à faire une longue course.

La chose est grave, Geneviève est indécise, son père lui laisse le choix de l'emplacement du jardin projeté, il avance, recule la voiture et enfin Geneviève dit.

— Je pense qu'il serait préférable de consulter Alain, il s'y connait mieux que nous. Chacun à sa spécialité et il faut tenir compte de l'avis des gens expérimentés.

— Je reconnais le langage de Mlle Sensée, dit M. Malbert en souriant, je suis en effet incompétent en horticulture.

— Mon bon Alain, dit Geneviève, indiquez-moi un terrain propice à la culture des fleurs, des fruits et des légumes.

— Des légumes, s'écrie Mme Malbert, mais pour quoi faire ?

— Mais pour avoir de tout, petite mère.

— Puisque Mademoiselle, s'en rapporte à moi, dit Alain, je lui conseille de choisir cette longue bande de terre, garantie des vents du Nord par les murs de la propriété voisine, le soleil y donne tout le jour, chauffant la terre qui n'est appauvrie par aucun arbre, car il n'y a au bout de cette large plate-bande qu'un petit cerisier.

Cerises.

— Aurai-je aussi le cerisier, demande Geneviève à sa mère ?

— Certainement, si tu le désires.

— C'est entendu, dit gravement M. Malbert, je cède ce terrain à Geneviève. Mesdames, je vous prends comme témoin de ce contrat verbal. Ma fille devient propriétaire de cette partie du jardin et les frais du jardinage seront à sa charge, non pour Alain, mais pour l'aide-jardinier. Approche, Michel, et dis-nous ce que tu réclames pour chaque après-midi de tes jeudis et même pour les heures du matin et du soir selon que tu seras libre.

Michel rougit jusqu'aux oreilles, il fait sauter ses outils sur son épaule et ne répond pas un mot. C'est que jamais il n'a pensé qu'on puisse lui offrir un salaire et il ne s'imagine pas du tout ce que peut gagner un petit garçon de son âge.

Alain vient à son secours et dit poliment que Michel est trop heureux qu'on lui permette de travailler à ce petit jardin pour avoir la plus légère rémunération.

Mais Geneviève appelle Michel.

— Tu gagneras quelque chose et je ne te paierai pas, dit-elle.

Michel reste la bouche ouverte — ce qui lui arrive quand il est très surpris — et remue la tête comme quelqu'un qui renonce à comprendre.

— Et toi, maman, tu ne devines pas, demande Geneviève.

Chacun cherche et s'avoue vaincu.

— Voici mon idée, s'écrie Geneviève, enchantée de tenir tout le monde en suspens, je ferai récolter des légumes, des fruits; je les vendrai et à la fin de la saison, je mettrai tout ce gain à la caisse d'épargne sur le livret de Michel. Tu voudras bien m'acheter les produits de mon jardin, n'est-ce pas, maman.

— Oui, ma chère enfant.

M. et Mme Malbert continuent leur promenade avec Mlle Sensée et laissent Geneviève avec ses jardiniers.

11. — On doit travailler méthodiquement.

Alain, appuyé sur le râteau, regarde Geneviève; il est tout réjoui d'être le promoteur de la bonne idée du petit jardin et attend les ordres de la fillette.

— Alain dit-elle, je veux avoir un très beau jardin, il me faut toutes espèces de fleurs, de fruits, de légumes, une pelouse, des massifs, de longues allées et des petits coins ombragés.

— Je ne comprends pas très bien, Mademoiselle veut-elle un jardin anglais ou simplement une large allée principale à laquelle aboutiront de plus petits chemins ?

— Faites les deux, Alain.

— Les deux?... Je ne comprends plus du tout, Mademoiselle.

— Je vais vous expliquer, Alain ; vous ferez là le potager, plus loin une corbeille de roses, un massif de lilas et puis vous mettrez beaucoup de résédas, des fuchsias, des hortensias, des géraniums, des héliotropes, des....

— Je vous en prie, dit Alain consterné, donnez-moi le temps de tracer quelques lignes sur la terre.

Avec sa bêche, il indique la place des massifs, trace des ovales, des carrés, des plates-bandes, mais c'est toujours à refaire et M. Malbert trouve en repassant par là, sa fille fort embarrassée, il parle d'un plan, mesure la bande de terre qui est un grand rectangle et emmène sa fille pour faire devant elle, sur le papier, le dessin de sa propriété. Il lui démontre qu'il faut toujours travailler avec ordre et méthode et qu'en continuant à tracer des ronds, des ovales, des carrés, Geneviève aurait fait perdre du temps au jardinier sans pouvoir réaliser son idée.

M. Malbert remet bientôt à sa fille un plan qui la satisfait entièrement.

12. — Pour récolter nous ne devons point ménager nos peines.

Mlle Sensée ramène la fillette au jardin où Alain travaille toujours.

— Voulez-vous une tonnelle, demande-t-il, pour vous mettre à l'abri du soleil.

— Oui, oui, s'écrie Geneviève, nous y mettrons une table, des chaises et j'y recevrai mes amies. Mais vous faites un ouvrage peu intéressant, vous ne cessez de bêcher.

— C'est indispensable. La culture exige de lourds travaux. Tout terrain doit être labouré profondément et débarrassé des pierres et du bois mort qui nuisent à la croissance des plantes. Elles ont besoin pour être brillantes et vigoureuses d'étendre leurs racines à leur aise et d'avoir une terre assez riche pour y puiser leur nourriture. Il ne faut point ménager sa peine si l'on veut faire de bonnes récoltes, conclut Alain, qui parle volontiers par sentences.

— Je n'avais jamais pensé à tout cela avant de faire un jardin, mais je voudrais aujourd'hui même vous voir semer quelque chose qui croisse vite, n'importe quoi.

— Nous pouvons faire de suite la pelouse. Michel, va-t-en chercher le sac qui contient le gazon anglais, tu prendras aujourd'hui ta première leçon de jardinage et je t'apprendrai à semer.

Semeur.

Geneviève plonge la main dans le sac aux graines et reste pensive en faisant glisser entre ses doigts les fines semences.

— Sais-tu à quoi je pense, demande-t-elle à Michel ?

— Peut-être aux cerises, celles de ce petit arbre sont les meilleures du jardin, Mᵐᵉ Malbert m'en a données l'année dernière et elles étaient si bonnes, si bonnes !...

— Non, Michel, je pense qu'il sortira de ces semences grises et ternes un joli tapis vert, plus joli que les plus riches tapis de la terre, plus doux que le velours et je trouve que c'est merveilleux.

— Les moindres phénomènes de la nature nous donnent des sujets d'admiration, dit Mˡˡᵉ Sensée ; les hommes font dans l'industrie et dans les arts des progrès remarquables, mais ils doivent s'avouer vaincus devant le plus petit être organisé. Ces grains de gazon ont un principe vital qui les transformera en luxuriante verdure aussitôt qu'ils seront mis en terre. C'est ainsi que chaque printemps nous voyons verdir les prairies, bourgeonner les arbres. C'est ainsi que nous voyons éclore les fleurs qui à leur tour contiennent les germes des fruits savoureux, des légumes, de toutes les merveilles du règne végétal.

Ce luxe incomparable dont se pare la terre au printemps est le bien de tous, riches et pauvres en jouissent, mais ne l'apprécient pas assez Les hommes font peu de cas d'une prairie verdoyante, parce qu'il y a de l'herbe partout, et ils se porteraient mieux s'ils s'en allaient à la campagne le dimanche. Mais je ne veux pas vous ennuyer, mes enfants.

— Je vous écoute, au contraire, bien volontiers, Mademoiselle, et ainsi le temps que met Alain à ratisser la terre me semble moins long.

13. — L'étude de la nature élève le cœur et l'esprit.

— Quand j'étais petite fille, reprend Mlle Sensée, je faisais avec mes parents de longues promenades à la campagne. Je rapportais de ces courses par monts et par vaux de gros bouquets de fleurs sauvages dont la vue me charmait toute la semaine. Je me souvenais de l'endroit où j'avais cueilli chaque plante. Nous nous remémorions, mon frère et moi, les incidents de notre promenade et les enseignements que mon père nous avait donnés.

— Que peut-on apprendre en se promenant, demande Michel, qui écoute attentivement l'institutrice.

— Beaucoup de choses, Michel. Mon père répétait volontiers que l'étude de la nature élève le cœur et l'esprit, et comme il était très instruit en sciences naturelles, il nous fit faire un herbier.

— Un herbier, interroge Michel !

— Un herbier est une collection de plantes desséchées. On cueille une branche ayant autant que possible des fleurs, des feuilles et des boutons. On la tient à l'abri du soleil et aussitôt rentré chez soi on l'étale sur une grande feuille de papier gris — du papier spécial ayant la propriété du buvard. La plante recouverte de même papier, est mise sous presse. De gros dictionnaires nous servaient à cette usage. Le tout était mis dans un endroit bien sec et chaque matin nous intercalions de nouvelles feuilles entre chaque feuillet contenant les plantes. Ce papier absorbe l'humidité du feuillage et la fleur privée de lumière conserve une partie de son coloris. Quand venait l'hiver, mon père nous faisait classer ces plantes.

Cet herbier a souvent servi à mon frère qui dessinait fort bien. On conserve rarement le souvenir exact de la forme d'un pétale, d'une feuille, de la disposition des folioles, mais peu de chose suffit à un artiste pour le remettre sur la voie du vrai. Ainsi nous eûmes, mon frère et moi, des notions de botanique tout en nous amusant.

14. — La classification des plantes a donné lieu à de nombreuses discussions.

— Mais, Mademoiselle, dit Geneviève, la botanique est effrayante avec ses noms sans fin, tous tirés du latin et du grec. Je n'en voudrais pas surcharger ma mémoire.

— Aussi, ma chère enfant, je ne vous imposerai pas une aride nomenclature. De temps en temps, si cela vous distrait, nous ferons quelques pas dans le domaine scientifique. Rien n'a donné lieu à plus de discussions que la classification des plantes. De grands savants ont attaché leur nom à des méthodes contestables, puisqu'elles ont été souvent modifiées. Tournefort, Boerhaave, Linné, Adanson, Jussieu, ont établi chacun une base différente à leur classification.

Linné, par exemple, a fondé son système sur les étamines et les pistils. Il a divisé ses végétaux en vingt-quatre classes lesquelles sont subdivisées en cent ordres.

Vous connaissez la structure des fleurs.

— Oui, Mademoiselle.

— Michel, va dans la serre nous chercher quelques branches fleuries.

Michel apporte une branche de primevères et une fleur de cyclamen.

— Ces deux fleurs sont sœurs, dit Mlle Sensée, elles ont cinq étamines et font partie de la cinquième classe, toujours d'après Linné.

La première classe se nomme Monandrie (1), la seconde Diandrie, la troisième Triandrie.

— Grâce, Mademoiselle, s'écrie Geneviève, enseignez-moi tout ce que vous voulez, mais ne me forcez pas à retenir tous ces mots.

Michel, pour appuyer la protestation de Geneviève, bâille légèrement et regarde son père comme quelqu'un qui veut échapper à une ennuyeuse leçon.

— Vous nous avez aussi parlé de Jussieu, reprend Geneviève ; sa méthode diffère, je crois, de celle de Linné.

— Il y eut plusieurs grands savants de ce nom, dit Mlle Sensée, Bernard de Jussieu, professeur de botanique au jardin du roi à Paris, établissait, au dix-huitième siècle, de nouvelles bases à la classification des plantes, mais cet homme d'une

---

(1) Du grec *monos* un.

extrême modestie, ne tira nulle vanité de son immense travail et faillit en laisser la gloire à un de ses nombreux élèves.

Heureusement, son neveu Antoine-Laurent de Jussieu publia les travaux de son oncle. La classification perfectionnée de Jussieu est devenue universelle.

Il divise les plantes en acotylédones, monocotylédones, dicotylédones. Ces trois embranchements forment quinze classes dont treize sont fondées sur le mode d'insertion des étamines et des pistils. Chaque classe comprend un certain nombre de familles.

15. — Prudence ne nuit jamais.

Mais à ce moment Alain réclame son aide-jardinier et lui enseigne à répandre la graine avec légèreté et régularité pour que le gazon ne laisse aucun vide, ensuite il tasse la terre, et conseille de mettre un épouvantail afin d'éloigner les bandes de pillards qui guettent le départ des travailleurs pour faire un bon repas. Ils sont sur les arbres voletant, piaillant, impatients de mettre les pattes et le bec dans la future prairie.

— Va chercher du pain, dit Geneviève à Michel, je leur en distribuerai et ils ne nuiront pas à nos semis.

Alain et Michel rient tout en obéissant au désir de la fillette, les moineaux mangent, mangent et d'autres bandes arrivent.

— La prudence ne nuit jamais, dit Alain; si vous m'en croyez, Mademoiselle, vous garantirez votre bien tout en continuant vos largesses à ces pillards de moineaux.

Aussitôt Alain et Michel construisent un homme de paille auquel on attache des banderoles qui, s'agitant au moindre vent, mettent en fuite la gent emplumée.

— A présent, dit Geneviève, parlons de ma tonnelle. Vous y mettrez de la vigne-vierge et je voudrais aussi des fleurs et surtout une plante aux belles grappes lilas qui chaque année orne la muraille de nos voisins, mais je ne sais point son nom.

— C'est une glycine, dit Alain, cette plante ligneuse pousse très vite et si Mademoiselle le désire j'en transplanterai de suite.

— Oui, je le voudrais bien. Ces fleurs fraîches et de teinte tendre m'ont toujours plu. Nous mettrons aussi une clématite aux larges fleurs, puis des capucines, des volubilis. Michel ne saurait pas encore faire ma tonnelle, aussi, je vous prie, Alain, de vous en occuper et de tout semer aujourd'hui.

Alain rit beaucoup et fait observer à la fillette

que la saison n'est pas assez avancée pour semer indistinctement toutes les plantes.

Il gèle chaque nuit, dit-il, cela retarde la germination et puis, quand la plante est sortie de terre, il faut encore qu'elle n'ait pas trop d'ennemis à craindre.

— Oh ! des ennemis ! je voudrais bien les voir.

— Vous pouvez les voir le matin et le soir, les pires sont de petites limaces brunes disséminées dans la terre et qui dévorent les jeunes pousses. Elles pullulent lorsque le temps est humide, c'est pourquoi il est préférable de ne pas semer ce qu'elles détruiraient certainement.

A ce moment, Mlle Sensée use de son autorité pour faire rentrer son élève qui voudrait assister aux premiers travaux que fait Alain pour construire la tonnelle. Geneviève obtient la promesse d'être ramenée le lendemain matin au jardin, elle prend des notes, inscrit tout ce qui a été fait car elle veut savoir combien de temps met le gazon à sortir de terre.

Michel a tant couru autour de son père pour l'aider et autour de Geneviève pour transmettre ses ordres, qu'il est très fatigué. Mlle Sensée l'invite à goûter et il ne cesse de bavarder.

En s'endormant ce soir-là, il pense au petit jardin et rêve de fruits exquis.

16. — Les lichens sont de faux parasites

Le lendemain, dès son lever, Geneviève demande qu'on la conduise au jardin où Alain est depuis l'aube. La fillette ravie regarde son terrain, il est vraiment grand et beaucoup de jardinets en ville ont une superfice bien moindre.

Il s'agit d'en tirer le meilleur parti possible. M. Malbert n'a tracé que les principales lignes et après une longue discussion Mlle Sensée, Allain et Geneviève décident la création d'une nouvelle allée.

A droite, le carré servira de potager ; Geneviève tient aux légumes, elle veut récolter des radis, des petits pois, différentes espèces de salade.

— J'établirai des couches, dit Alain, mais auparavant je terminerai les bordures. Je laisserai la place de celles qui s'obtiennent par semis et je transplanterai les plantes vivaces qui ne redoutent point le froid. Les primevères, les cassotes, les fraisiers perpétuels fleurissent tôt et font un très joli effet.

— Je verrai ainsi un peu de verdure, soupire Geneviève. Et tout en suivant du regard les mouvements d'Alain qui élague des plants à repiquer les racines mortes et les pousses trop chétives, elle remarque sur du bois mort une croûte épaisse formée d'une substance crustacée, uniforme, de teinte variée avec de légères excroissances.

— C'est de la pourriture qui ronge les arbres, dit dédaigneusement Alain.

— Ce sont des lichens, reprend Mlle Sensée, qui vient à tout instant voir son élève.

— Des lichens, demande Geneviève, ce ne sont point des plantes, n'est-ce pas ?

— Ce sont des plantes, ma chère enfant. Cette famille renferme de nombreux genres, faut-il vous en nommer quelques-uns : les gymnocarpes, les angiocarpes...

— Je vous en prie, Mademoiselle, interrompt Geneviève effrayée, ne me donnez pas à retenir de si grands mots, mais dites-moi plutôt la nature, la conformation de ces végétaux.

— Les lichens sont de faux parasites posés à la surface des corps sans y adhérer ni y enfoncer de racines ou suçoirs.

— Tiens, dit Michel, qui s'est pressé de repasser ses leçons pour venir un moment au jardin avant d'aller en classe, ce sont donc de méchantes plantes qui sont nuisibles, puisque tous les parasites vivent aux dépens de ceux qu'ils attaquent.

— J'ai dit de faux parasites, Michel, et ceux-ci ont une très grande utilité. Ils sont répandus sur toute la surface du globe.

17. — Ne nous fions point à l'apparence.

Cette vilaine plante est bonne à quelque chose, demanda Geneviève incrédule.

— Il ne faut point se fier à l'apparence, insiste Mlle Sensée, les lichens sont une preuve de cet axiome.

Les Islandais font leur principale nourriture de ce végétal, après lui avoir fait perdre son amertume par une macération de vingt-quatre heures dans l'eau.

Renne.

Une autre espèce fait la principale nourriture des rennes.

— Vraiment, dit Geneviève, on ne se douterait jamais en regardant autour de soi que presque toute chose a son utilité. Je vais examiner tous les arbres pour voir s'il y a des lichens.

— Vous en trouverez aussi sur les pierres

— Ceux-ci seraient-ils bons à manger, demande Michel.

— Non, il faut même se garder de jamais rien goûter sans bien connaître la nature, les propriétés d'un végétal.

— Les lichens ne servent donc qu'à nourrir les Islandais et les rennes, demande Geneviève.

— C'est déjà quelque chose, mais certaines espèces ont des propriétés colorantes, enfin, pour la clarification de la bière, les brasseurs du pays du nord ont substitué le lichen aux matières gélatineuses animales, si promptes à se décomposer.

— Allons, Michel, n'oublie pas l'heure de la classe et vois comme il est agréable d'être instruit. Si j'avais baillé ou pensé aux jours de congé pendant les leçons que me donnaient mes professeurs, je ne pourrais aujourd'hui distraire Geneviève en l'instruisant.

— C'est pourtant vrai, Mademoiselle, aussi je vais bien travailler.

Et le jeune garçon s'en va lestement vers la grand'porte, tandis qu'Alain, un instant redressé, appuyé sur sa bêche, contemple avec un orgueil mêlé d'attendrissement le fils qu'il chérit au-dessus de tout.

18. — Tel air, tel sang.

Deux semaines ont transformé Geneviève, et Mlle Sensée répète à son élève :

— Je vous le disais, ma chère enfant, l'air vous a sauvée. Certains physiologistes ont posé un axiome — que tel air donne tel sang — et l'idée du petit jardin que nous devons à Alain nous a rendu un grand service; vous reprenez vos études avec goût et les journées autrefois trop longues vous semblent à présent trop courtes.

Geneviève sourit, elle sait bien que ceux qui l'entourent ont toujours raison et elle les remercie de leur dévouement, de leur patience.

Elle consulte à tout instant le baromètre et se désole quand le soir Mlle Sensée lui dit que le thermomètre mis à l'extérieur descend à zéro.

— Comment voulez-vous, dit-elle, que par ces froides nuits les frileuses petites plantes mettent leur tête hors de leur bon nid de terre où elles sont à l'abri de la gelée, pourtant je voudrais tant voir mon jardin tout en fleurs.

— Prenez patience, mon enfant, vous verrez bientôt surgir des merveilles.

En effet, vers la mi-avril, des tiges de primevères à la bonne odeur printanière sortent de leurs feuilles protectrices. Sous le vitrage de la couche, Geneviève voit grandir des feuillages qui promettent une récolte précoce de radis, salades, petites carottes. Les jonquilles, les jacinthes, les fritillaires, les myosotis font leur entrée dans le petit monde où vit Geneviève.

La fillette s'étonne d'avoir été si longtemps sans se soucier de l'existence de ces fleurs qu'elle nomme ses amies.

— J'admirais autrefois sans penser, dit-elle, mais aujourd'hui la plus modeste plante m'intéresse davantage que le plus beau jouet.

Quand les fleurs délicates, blanches et rosées, couvrent les arbres fruitiers, Geneviève se fait conduire sous les branches fleuries; elle se plaît à observer les différences existant entre les fleurs, à les décomposer, et jamais, dit-elle surprise, je ne les trouve absolument pareilles.

Michel ne manque pas un jour d'aller prendre les ordres de Geneviève; il sait semer, repiquer, biner, sarcler.

Le gazon est sorti de terre et Geneviève reste sans se lasser devant ces petites pointes d'un vert tendre qui ont enfin percé la terre et qui se dressent comme une armée, baïonnettes en avant, regardant bravement le ciel et réclamant leur place au soleil.

19. — Les méchants sont toujours lâches.

Après les nuits froides et les journées ensoleillées, la pluie recommence à tomber. De temps en temps une éclaircie, mais qui ne permet aucun travail de jardinage.

Michel reste près de huit jours sans voir Geneviève qui le fait demander le dimanche suivant.

Le jeune garçon, très discret, va se retirer après avoir rendu compte de l'état du jardin, lorsque Mlle Sensée le retint.

— J'ai une histoire à raconter à Geneviève et elle t'intéressera, Michel.

— Vous savez, ma chère enfant, qu'une de mes bonnes amies habite depuis peu ce quartier.

— C'est Mlle Clémence Verdière, elle est encore venue hier, dit Geneviève.

— Clémence demeure avec sa vieille mère, une excellente femme qui a quelques travers bien inoffensifs, comme de porter un grand chapeau passé de mode, d'avoir au bras un cabas de forme surannée et de traîner à sa suite un petit chien.

Mme Verdière, jeudi dernier, suivait le Sentier des Dondaines, elle allait avec lenteur, comme les vieilles gens. Tout à coup son chien aboie furieusement, elle se retourne et se trouve en face d'une bande de vauriens qui jettent des cailloux après le petit chien. L'animal se sauve affolé, jappant, hurlant. La bonne dame veut secourir son chien, mais l'âge a affaibli ses jambes, elle s'arrête. Les gamins la voyant hors d'état de se défendre, ramassent de la boue à pleines mains, la jettent sur la robe de Mme Verdière en chantant à tue-tête :

— C'est la mère Michel qu'a perdu son chat...

— Non, crie un autre, c'est son chien.

— Point encore... Elle a perdu son voisin, le père Lustucru.

— Ohé !... Ohé !... La mère Michel.

— Y ne reviendra point ton chien, nous allons te le noyer

— Oh !... Oh !... Est-elle drôle la mère Michel !...

Ils criaient si bien qu'ils ne voyaient pas venir Clémence. Mon amie est robuste. Attraper un vaurien par une oreille, un autre par un bras fut l'affaire d'une seconde.

La scène change, les assaillants se débandent en un sauve qui peut général. Comme les méchants sont toujours lâches, les prisonniers geignent, pleurent, crient, supplient. Clémence veut les conduire au poste de police. Mme Verdière intercède en leur faveur et sa fille cède à ses instances. Que dites-vous de l'action de ces enfants, Geneviève ?

20. — Celui qui rit d'une mauvaise action est bien près de la commettre.

Geneviève, prête à répondre, reste stupéfaite. Elle regarde Michel qui tortille son chapeau, les yeux baissés, les lèvres frémissantes comme quelqu'un qui retient ses larmes.

— Ce n'est pas tout, reprend Mlle Sensée, Clémence m'a assuré qu'un jeune garçon ressemblant à Michel faisait partie de cette bande. Il se tenait à l'écart, il est vrai, mais il restait témoin passif des mauvais traitements que cette troupe de vagabonds infligeait à cette dame. il a même éclaté de rire quand Mme Verdière a failli tomber en essayant de défendre son chien, et celui qui rit d'une mauvaise action est bien près de la commettre.

Mlle Sensée est interrompue par une gamme ascendante de hi... hi... hi...

Ces sons étranges sortent de la bouche de Michel qui se cache la tête dans les mains.

Mlle Sensée se souvient qu'elle doit envoyer chercher un livre pour Geneviève, elle sort en laissant son élève dans la stupeur, tandis que Michel continue à faire entendre des hi... et des ha... rien moins qu'harmonieux.

— Est-ce possible, s'écrie Geneviève, que toi, Michel, un enfant bien élevé, tu fréquentes de pareils vagabonds.

Michel secoué de violents sanglots ne peut pas répondre.

— C'est incroyable, continue Geneviève, qu'on puisse insulter, tourmenter les vieillards. Je croyais que les êtres méchants, dénués de cœur et d'éducation étaient seuls capables d'une aussi laide action... Mais parle donc, Michel, dis-moi qu'on s'est trompé, que tu ne t'avilis pas en pareilles fréquentations !

— J'y étais, Mademoiselle, sanglotte Michel.

— Ta mère te laisse vagabonder, j'en suis surprise...

— Maman m'avait envoyé faire une commission, j'ai regardé un Monsieur sur un vélocipède et puis j'ai rencontré Adolphe, il m'a entraîné.

Vélocipédiste.

— Et tu as pu rire de voir faire le mal ?... Que dirais-tu si je me moquais de tes larmes, de tes sanglots, de ta figure bouffie ?

Michel lève le nez et répond vivement.

— Cela ne serait guère charitable... J'ai de la peine et vous en ririez !... Non, vous êtes trop bonne pour agir ainsi.

— Ah ! Michel, je ne dois pas rire de ton chagrin, mais tu t'es moqué de l'embarras d'une dame, tu n'as pas eu pitié de sa vieillesse !... Jamais je ne t'aurais cru capable d'une action si indigne.

— Mademoiselle, gémit Michel, c'est Adolphe qui a commencé, je ne connaissais pas cette dame et si j'avais su qu'elle fut l'amie de Mlle Sensée je l'aurais défendue.

— Mais, petit malheureux, riposte Geneviève qui s'anime, que ce soit Mme Verdière ou une autre, c'est toujours une vieille personne, elle a droit à ton respect et même, s'il se peut, tu dois encore chercher à lui rendre service. Ton père et ta mère deviendront vieux et que dirais-tu si, plus tard, tu les voyais subir les mauvais traitements que tes camarades ont infligés à la mère de Mlle Clémence.

— Je n'ai pas pensé à tout cela, murmure Michel.

— Pourvu que maman ne m'interdise pas de te voir !

Mlle Sensée rentre en ce moment et Michel la tête basse, le cœur gros, retourne chez lui. Il prend ses livres pour étudier ses leçons mais il est inquiet, il tremble chaque fois qu'on ouvre la porte. Il suppose que M. ou Mme Malbert va venir lui interdire l'entrée du château et il est très malheureux. Il sait aussi que son père et sa mère le châtieraient sévèrement si son escapade était connue, et puis il est confus, honteux d'être si mal jugé par Geneviève. Jamais un dimanche ne lui a paru si long ni si triste.

21. — Profiter de la vie sans se plaindre est le commencement de la sagesse.

Le soleil chauffe la terre, la sèche en vaporisant l'humidité qu'elle contient. Les grains germent rapidement et Geneviève reste longtemps au jardin.

Les volubilis, les capucines, les pois de senteur, les belles de nuit soulèvent la terre et avancent timidement comme en crainte des froids tardifs.

Les radis, les concombres, les laitues, le persil, les carottes poussent vigoureusement. Les jonquilles, les jacinthes, les violettes, les fritillaires, le myosotis sont exubérants.

Violette.

Alain commence vers la fin d'avril à repiquer les balsamines, les giroflées, les reines-marguerite et les œillets d'Inde.

Geneviève est très contente d'avoir vu verdir une large corbeille de réséda, sa fleur préférée à cause de son doux parfum. Alain propose d'enlever une partie des plants mais la jeune fille s'y oppose, elle veut pouvoir faire chaque jour une ample moisson de la modeste fleur et en offrir des bouquets aux personnes qui viendront visiter Mme Malbert.

Le jeudi surtout est une fête pour la fillette, Michel est tout le jour à sa disposition, il accourt dès le matin et s'acquitte fort bien de ses fonctions d'aide jardinier. Il partage l'orgueil de Geneviève, quand des légumes précoces devancent ceux du grand jardin.

— Bientôt toutes les plantes sortiront de la serre. Les rouges géraniums, avec leur infinie variété de tons feront valoir la délicatesse des blanches pâquerettes, les fuchsias aux clochettes doubles et simples légèrement suspendus, les héliotropes au parfum suave et pénétrant, les bégonias à l'épais feuillage, aux fleurs mignonnes, les giroflées blanches, rouges, lilas, violettes et tant d'autres offriront aux regards toute la gamme des couleurs les plus vives, des teintes les plus atténuées.

Coupant les pelouses à l'uniforme verdure, les massifs se garnissent, les oiseaux établissent leur nid dans les arbres et gazouillent gaiement leur hymne d'amour et de joie. Un rossignol commence avant l'aurore son brillant et mélodieux solo auquel répondent dans le jardin voisin de matinales fauvettes qui ont élu domicile dans un massif de lilas,

— Et dire que vous méconnaissiez ces merveilles, répète Mlle Sensée à son élève, que vous vous plaigniez sans cesse de la vie.

Geneviève sourit, embrasse sa chère institutrice et répond.

— Je le vois, Mademoiselle, profiter de la vie sans se plaindre est le commencement de la sagesse.

22. – La persévérance assure le succès de nos luttes.

Un jeudi, de grand matin, Michel se précipite dans la salle d'étude.

— Mlle Geneviève, crie-t-il, les ennemis sont venus, ils ont tout ravagé.

— Les ennemis, les ennemis, dit Geneviève interloquée, où les vois-tu ?.... Nous sommes loin de la Prusse et puis la guerre n'est pas déclarée... Tu perds la tête, Michel !

— Ah ! Mademoiselle, ce ne sont pas ces ennemis-là, ils n'ont ni armes, ni casque et pourtant il ont tout saccagé.

— Saccagé quoi ?

— Le réséda, du si beau réséda ! Et les semis de plantes d'automne qui venaient si bien.... Il n'y en a plus. Ces jolis œillets de Chine... tout est mangé.... Cette petite espèce de reine marguerite, aussi dévorée.... C'est comme une invasion de barbares....

— Mon pauvre jardin, s'écrie Geneviève, vite Michel, sonne pour qu'on me conduise là-bas.... Et tu dis qu'il n'y a plus de réséda.... Tu exagères probablement.

Mlle Sensée, voyant l'émotion de son élève, veut l'accompagner. Michel court et Geneviève voit de loin ses gestes désespérés.

Geneviève arrive enfin devant le parterre et d'un coup d'œil juge du mal. Il reste à peine çà et là quelques tiges vertes.

Elle pleure et Michel a aussi la larme à l'œil.

— Ce sont les limaces, dit-il, et les vers et peut-être aussi les courtillères.... Je les tuerai, je les tuerai !....

Mais Geneviève ne se console pas.

— Nous sèmerons d'autre réséda, dit Mlle Sensée.

— Il sera encore mangé !

— Non, la saison avançant la terre sera moins humide, les limaces seront moins nombreuses et puis Michel leur fera une chasse en règle.

— La chasse, je le veux bien, mais on ne tue pas ces vilaines bêtes comme des lièvres ou des lapins.

— Je ne te conseille pas de prendre un fusil, Michel, tes armes seront de vulgaires feuilles de choux et de salade. Tu les répandras autour des semis que tu veux garantir, les limaces y viendront chercher logis et nourriture. Le matin elles y seront encore et en ramassant les feuilles tu prendras ces vilains mollusques.

— A quoi peuvent bien servir ces laides bêtes? A rien, qu'à tourmenter les pauvres horticulteurs, dit Geneviève.

— Vous vous trompez, mon enfant, les animaux destructeurs ont leur utilité. Vous n'avez point voulu laisser éclaircir votre semis de réséda, et en examinant le parterre ravagé je suis persuadée que les limaces vous ont rendu service.

— Je ne saurais croire cela, protestent Geneviève et Michel.

— Les plantes qui restent sont les plus vigoureuses, elles auront plus d'espace pour étaler leurs racines et leurs feuillages et vous donneront des fleurs abondantes.

— C'est bien triste de voir ainsi compromis les travaux de Michel et d'Alain.

— C'est réparable. Il faut savoir vaincre les petits obstacles. La persévérance assure presque toujours le succès de nos luttes. Enfin vous avez voulu faire semer trop tôt certaines plantes, et dans nos pays humides on ne court aucun risque à retarder quelques travaux d'horticulture.

— Les limaces ont été créées pour nous contrarier.

— Non, c'est plutôt pour notre bien.

— Oh! Mademoiselle, peut-on soutenir une pareille chose. Les limaces ne font que du mal ainsi que tant d'autres animaux.

— Si les hommes avaient moins à lutter, ils s'endormiraient en regardant pousser leurs plantations, ils travailleraient peu, deviendraient paresseux. L'homme est fait pour le travail ; c'est par lui seulement qu'il assure sa vie matérielle en même temps qu'il y trouve la source des plus pures jouissances.

23. — Ne laissons pas échapper l'occasion de nous instruire.

— Michel, dit Mlle Sensée en désignant du bout de son ombrelle une grosse limace, n'es-tu pas curieux de connaître un peu cette malheureuse bête d'aspect repoussant.

Michel n'a pas l'air fort intéressé, mais Geneviève se soulève et suit la marche lente du mollusque.

— Voyez, Mademoiselle, dit-elle, combien cette trace gluante est répugnante, d'où vient-elle, à quoi sert-elle ?

— C'est une sécrétion d'une liqueur visqueuse qui permet aux limaces d'adhérer aux murailles, aux plantes et à la terre.

Par la grande sécheresse, cette sécrétion s'exagère et épuise la limace.

— Les limaces s'affaiblissent, s'écrie Michel, je ne les croyais point de complexion si délicate, il ne leur manque que des maladies de cœur pour être tout à fait intéressantes.

— Tu ris, Michel, mais les limaces ont un cœur logé dans une cavité particulière, sous le manteau, transformé en un disque charnu et leurs yeux sont au sommet des tentacules. La limace est un mollusque mou, privé de coquille et couvert d'une peau coriace. La cuirasse à la partie antérieure du corps garantit les organes pulmonaires.

— Mademoiselle Sensée va tout à l'heure offrir à notre admiration la structure des limaces, dit Geneviève.

— On peut étudier la limace sans l'admirer. Théophile Gauthier lui a même consacré deux vers.

> La limace baveuse argente la muraille
> Dont la pierre se gerce et dont l'enduit s'éraille.

— Les vers sont jolis, dit Geneviève, mais le mollusque est affreux. Comment les limaces coupent-elles si bien les plantes ?

— Leur bouche offre une mâchoire supérieure, en forme de croissant, qui sert à ronger les matières végétales. Les limaces ont de nombreux ennemis ; les canards, les dindons, les hérissons en sont très friands et les crapauds en font une grande consommation. En Angleterre, les jardiniers ont même dans leurs jardins des crapauds qui font une guerre sans merci à ces mollusques.

— De sorte qu'il n'en doit guère rester, dit Michel.

— La limace agreste pond de trois cents à quatre cents œufs par saison, aussi elle n'est pas facile à détruire. Il y a plusieurs espèces de limaces : l'arion roux, la limace rouge, la loche, la licoche.

— Quand je disais que M{::}^{lle} Sensée trouverait le moyen de nous intéresser à la cause même de notre ennui, avais-je raison, demande Geneviève à Michel ?

— Ne laissons jamais échapper l'occasion de nous instruire, reprend M{::}^{lle} Sensée. Dis-moi, Michel, préfères-tu m'écouter ici, étudier tes leçons ou vagabonder comme tu le fis certains jours....

— Oh ! Mademoiselle, interrompt Michel qui prend la couleur d'une pivoine, j'aime bien mieux travailler, j'ai eu de grands regrets d'avoir ri du mal qu'on faisait à la mère de votre amie!

— Tu n'es pas méchant, Michel, je le sais, c'est pourquoi j'ai caché ta faute à la famille de Geneviève et à tes parents, mais si tu recommençais je n'aurais plus la même indulgence.

Michel reste confus. Geneviève est très préoccupée de savoir comment on pourra détruire les ennemis de son jardin. Elle voudrait voir commencer le massacre et engage Michel à visiter les massifs et les bordures.

— C'est inutile, dit Mlle Sensée, les animaux les plus rudimentaires ont l'instinct de la conservation, les limaces se cachent le jour, elles se dissimulent aux yeux de leurs petits et grands ennemis et vous feriez une chasse inutile.

Geneviève et Michel obéissent à Mlle Sensée en faisant des projets pour garantir leurs travaux. Ils rêvent d'anéantir — au moins dans leur jardin — la race des limaces, des insectes nuisibles, et le lendemain, avant que l'ennemi ait délogé, Michel ramasse les feuilles de choux et de salades qu'il a répandues la veille au soir et il vient de montrer à Geneviève le résultat de sa chasse.

Cette petite vengeance console les jeunes horticulteurs et les rend prudents. Geneviève veut à présent connaître les insectes les plus nuisibles.

24. — Il faut savoir sacrifier un peu pour conserver beaucoup.

Après les limaces viennent les chenilles. Une branche du petit cerisier en recèle un nid. Alain propose une grande opération, couper la partie menacée. Geneviève proteste, les cerises sont déjà nouées, elles pendent en mignons bouquets verts et c'est grand dommage d'anéantir de si belles espérances.

Chenille.

Mais Alain dit que ces minuscules chenilles agglomérées à l'aisselle d'une branche grandiront rapidement.

Quelques feuilles suffisent aujourd'hui à nourrir

l'innombrable famille qui plus tard dévorera une partie de l'arbre si l'on n'y met bon ordre. Sans compter que les chenilles sont de race voyageuse qu'elles font de longs trajets s'attaquant à tout, dévorant, souillant les feuilles et les fleurs.

Ainsi parle Alain, et Geneviève demande l'avis de Mlle Sensée qui vote pour la sélection. Il faut détruire les êtres nuisibles, dit-elle, et sacrifier un peu pour conserver beaucoup.

L'opération décidée, Geneviève veut y assister. Alain avec une petite scie à main tranche la branche et Geneviève constate qu'une vraie armée de chenilles, minces comme des aiguilles, s'avance en conquérante.

— Mais d'où viennent-elles, s'écrie la fillette, en essayant vainement de les compter.

— D'un joli papillon. Vous l'avez peut-être vu, élégant, brillant, voltiger dans le jardin et vous vous êtes dit que c'était une jouissance pour le regard que de suivre les capricieux mouvements de cet insecte qui déposait alors sur votre cerisier ses œufs d'où sortent ces laides chenilles.

— Croirait-on qu'on doive craindre un papillon, joli, délicat, vivant du suc des fleurs !

— Il ne fait aucun mal immédiat, il est vrai, mais il n'en est que plus dangereux. Parfois, il en est de même dans le monde où les gens les plus doucereux, les plus aimables cachent sous ces apparences trompeuses leurs défauts et leurs vices.

25. — La vie est pleine d'écueils que la raison et l'expérience nous feront éviter.

Le soleil darde d'aplomb ses chauds rayons. La vie jaillit en herbes légères, en branches folles, les arbres balancent leurs fruits rougissants et les petites poires toute vertes, promesses de l'automne, se forment en bouquets.

Le jardin de Géneviève est exhubérant de fleurs aux teintes chaudes, aux formes variées. La jeune fille soigne avec la même sollicitude les plantes rares et les plantes vulgaires.

Malgré et peut-être à cause des limaces, le réséda est superbe, ses touffes odoriférantes débordent du parterre. Les pensées, comme de belles dames parées pour une réception, se tournent vers le midi saluant, au moindre souffle du vent, le soleil qu'elles semblent regarder avec leurs larges figures épanouies. Les coréopsis s'élancent délicats sur leurs tiges fines et flexibles; à côté, la triste scabieuse incline sa tête plus lourde, les giroflées de toutes variétés, ramassées sur elles-mêmes, poussent leurs branches en tous sens, comme les gens qui étendent les coudes pour avoir plus de place.

Geneviève observe ses fleurs, leur prête à chacune un caractère et se complait à les douer de qualités et de défauts. Son imagination vive n'est point en peine.

— Paresseuses, dit-elle, aux belles de jour qui referment leurs corolles bien avant le coucher du soleil, vous ai-je mises en mon jardin pour que vous vous cachiez comme des boudeuses ?

Mesdames les capucines, dit-elle, vous ressemblez à de curieuses chinoises, avançant la tête sous leurs larges ombrelles, et quoique vous soyez des fleurs vulgaires, je vous vois avec plaisir accaparer du terrain ; vous venez tôt, vous mourez tard, et la gelée seule vous met à bas. Messieurs les liserons, qui grimpez en grande hâte le long des murailles et des arbres, je reproche à vos fleurs délicates aux teintes variées, de vivre à peine une journée. Et vous, souveraines de ce jardin, Mesdames les roses, je vous reconnais toutes les qualités : éclat, élégance, parfum. Nulle fleur ne vous dépasse, vous êtes sans défaut.

— Et les épines, Mademoiselle, dit Michel qui s'est piqué ce jour là, croyez-vous que ce soit une qualité ?

— Non, Michel, mais il n'y a rien de parfait sur terre et il faut être assez adroit pour respirer les roses sans se piquer les doigts.

— Il en est de même pour toutes choses, dit Mlle Sensée, les roses ont des épines dont nous pouvons nous garantir et la vie est pleine d'écueils que la raison et l'expérience nous feront éviter.

26. — L'amitié partagée donne les joies les plus douces et plus saines.

Michel, très affairé, court pour exécuter les ordres de Geneviève. Il dépose sur une table à côté de la voiture les fleurs que réclame la fillette.

— Encore du réséda, Michel, apporte-moi des pensées, des boutons de roses..... Fais attention. Coupe les roses sans compromettre les jeunes pousses des rosiers. Assez..... passe-moi les rubans qui sont sur la chaise.....

Geneviève fait des bouquets, il y en a cinq d'alignés..... Elle en met un à son corsage.

— On marche, Michel.
— Je crois entendre des pas, Mademoiselle.
— Regarde au bout de l'allée.
— Je les vois.....
— Combien sont-elles ?
— Mlle Sensée est en avant, une, deux, trois... Elles sont trois.

Et tout à coup, Geneviève entend une course précipitée, des cris de joie, des rires.....

Trois fillettes entourent la grande voiture, elles se penchent couvrant de baisers le visage de la jeune malade.

— Tiens, dit l'une, une blonde fillette aux yeux bleus, à la bouche souriante, prends ce petit sac à ouvrage, fait pour ta fête.

— Est-ce donc toi qui l'a brodé ?

— Oui, aussi il laisse un peu à désirer, tu le sais, je n'aime guère rester en repos, j'ai seulement voulu te prouver mon amitié en travaillant pour toi.

— Comme tu es aimable, ma Pauline.... prends à ton tour ce bouquet et mets-le à ton corsage.

— Voici un signet, dit la seconde fillette aux yeux bruns, tu penseras à moi quand tu commenceras ou finiras ta lecture.

— Accepte ce carnet à aiguilles, dit la troisième venue dont les longs cheveux châtains pendent en une grosse tresse sur le dos, il est en bristol et brodé de bleu, ta couleur favorite.

— Oh ! mes amies, comme vous êtes bonnes et comme je vous aime !

Geneviève entoure de ses bras ces jolies têtes souriantes, les cheveux se confondent, les baisers s'échangent.

— J'avais si peur que vous ne vinssiez pas, soupire Geneviève, ce n'est pas gai de passer un après-midi avec une personne malade..... parfois je suis triste de ne pouvoir vivre comme vous.....

Et un nuage passe sur le visage de Geneviève.

—Mais tu sortiras bientôt, dit Pauline, et puis nous t'aimons encore plus depuis que tu es souffrante.

— Veux-tu bien vite sourire, dit Mathilde.

— Nous ferons tout ce qui te plaira, dit Valentine, nous voulons aujourd'hui te voir gaie. C'est l'anniversaire de ta naissance et tu disposeras de nous.

Geneviève réunit dans les siennes les mains de ses amies, en disant :

Melle Sensée a raison, les joies d'une amitié partagée sont les plus douces et les plus saines.

— Je vois encore venir quelqu'un, s'écrie Pauline.

— C'est Emma.

Fleurs de Melle Geneviève.

— Emma ?... Je ne la connais pas.

— C'est une voisine qui vient parfois en visite avec sa mère, maman l'a invitée afin que vous fassiez sa connaissance.

27. — Ne privez pas vos amies des plaisirs dont vous ne pouvez jouir.

Une fillette aux traits réguliers, élégamment vêtue, son ombrelle ouverte, avance, sans se hâter, répondant d'un coup de tête dédaigneux au salut d'Alain.

— Bonjour, Emma, crie Geneviève, viens donc vite, je suis si contente d'être entourée de mes amies !

Et tandis qu'Emma offre à Geneviève une superfluité coûteuse, celle-ci lui met au corsage un bouquet.

— Mesdemoiselles, reprend Geneviève, approchez que je fasse une présentation régulière. Voici Valentine, surnommée par nous la petite maman, elle excelle à faire la morale à ses jeunes frères et sœurs et s'occupe du ménage aussi bien qu'une dame. Mathilde, studieuse entre toutes, et Pauline, gaie, remuante, franche — jusqu'à l'excès — ces deux demoiselles sont inséparables, ce qui ne les empêche pas de se disputer quelquefois, et...

— Assez de présentation, s'écrie Pauline, tu ne dois pas ainsi dévoiler les défauts de tes amies, jouons plutôt. Allons, Geneviève, dis-nous l'emploi de ce jour de fête.

— Je veux vous faire les honneurs du grand jardin, vous ne refuserez pas de pousser ma voiture. Ensuite vous ferez une partie de croquet.

— Non, dit Mathilde, nous ne te laisserons pas seule, tandis que nous nous amuserons.

— Je ne suis pas envieuse, ma chère Mathilde, je ne veux pas priver mes amies des plaisirs que je ne puis goûter.

Je serai très heureuse, au contraire de vous

regarder jouer. Après une ou plusieurs parties, comme cela vous plaira, nous reviendrons ici dans ma propriété.

Mon oncle m'a envoyé un très beau ménage nous l'étrennerons en faisant une grande dinette... Mon jardinier....

— Tu as un jardinier, demandent les fillettes.

— Oui, ce petit garçon qui coupe là-bas les roses fanées. Il cueillera les salades, les radis, les fraises, vous l'aiderez et ensuite nous ferons le ménage.

— C'est charmant, c'est délicieux, vive Geneviève ! s'écrient les fillettes.

— Tu as de la chance d'avoir un vrai jardinier à toi, dit Pauline... Travaille-t-il bien ?

— Comme un homme, ma chère.

La partie de croquet se prolonge. Geneviève s'amuse de voir courir ses amies, elle les surveille car le jeu de croquet amène de fréquentes contestations, et les jeunes filles s'inclinent quand la malade a prononcé. Chaque fillette vient à son tour tenir compagnie à la pauvre impotente et réclame le privilège de pousser sa voiture.

— Il est quatre heures, dit Geneviève, nous allons nous occuper du goûter, et pour ne pas défraîchir vos robes vous mettrez les tabliers à bavette que maman vous a préparés.

Aussitôt arrivée dans les domaines de Geneviève

— c'est ainsi que les visiteuses baptisent son jardin — chaque jeune fille s'empresse à la besogne.

— Je fais le ménage, dit Valentine.

— Je mets le couvert, crie Mathilde.

— Je cueille les cerises, dit Pauline ; y a-t-il une échelle ? Et Emma, que fait-elle ?

— Je me reposerai... Et puis j'ai peu de goût pour les occupations vulgaires !

— Dis-donc, fait Pauline, en attirant Mathilde, en voilà une faiseuse d'embarras !

— Laissons-là, quand elle sera lasse de faire des embarras, elle s'amusera comme nous.

Toutes se hâtent — Michel ! les salades — Michel ! les radis — Michel, par-ci — Michel, par-là...

Le jeune garçon court, veut obéir à tous les ordres et il traîne, essoufflé, une échelle double.

— Attendez, nous allons vous aider, disent Mathilde et Pauline abandonnant aux doigts habiles de Valentine, les salades tendres et les petits radis.

Elles dressent l'échelle et bientôt Pauline fait une ample cueillette.

— Croirais-tu que les moineaux ont déjà becqueté les meilleures cerises ?

— C'est incroyable comme on a du mal de défendre les produits de la terre, fait Geneviève.

— Mathilde, penchée vers les bordures de fraisiers perpétuels, cherche les fruits rougissants.

— Il y en aura une assiettée, dit-elle.

— C'est très beau, répond Geneviève d'un air entendu, car la première année les fraisiers donnent peu. Ces fraises sont délicieuses, cherche bien sous toutes les feuilles.

Avec tant de bras la besogne avance.

Des assiettes, couvertes de fines tranches de langue et de jambon, entourent le saladier où la salade s'amoncelle. Un grand bol de crême au chocolat, des gâteaux, une corbeille de cerises et des fraises complètent le festin.

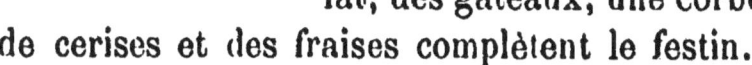
Fraise.

— Nous mourons de faim, s'écrient les jeunes filles en s'asseyant, mais l'aspect de la table est si joli que personne ne veut toucher au premier plat.

28 — Le premier principe d'une bonne éducation est de ne pas affliger son prochain.

Pendant que s'installent les jeunes filles, Michel pose ses outils contre la muraille et se dispose à aller tremper ses tartines dans le café au lait que sa mère prépare habituellement pour le goûter.

Il soupire. Geneviève remarque sa tristesse et se penchant vers ses voisines.

— Seriez-vous contrariées si j'invitais Michel ? C'est le petit garçon d'Alain et de Sylvie, maman le laisse souvent goûter avec moi.

— Nous contrarier, dit Mathilde, pourquoi donc ?... Ce petit-là doit tout autant que nous aimer les bonnes choses.

Pauline se lève aussitôt et appelant Michel :

— Viens ici, dit-elle, Geneviève t'invite à goûter.

Michel doute. Cette demoiselle plaisante peut-être et il trouve cela très déplacé car il a pour la crème au chocolat une passion rarement satisfaite.

— Crois-tu que nous voulions te faire subir le supplice de Tantale, dit Mathilde.

— J'ai fait une place auprès de moi, dit Pauline, tu as cultivé de si beaux radis que tu as le droit d'en manger

Michel est un peu gauche, un peu gêné, mais les jeunes filles rient de si bon cœur qu'il rit aussi pendant que Valentine lui sert de la langue et du jambon.

— Mange, dit-elle, le travail et le grand air donnent de l'appétit.

— Michel est presque toujours le premier de sa classe, murmure Geneviève à ses voisines.

— Tout le monde n'en peut dire autant, soupire Pauline.

Depuis que Michel s'est assis, Emma s'est reculée. Elle s'appuie sur Valentine, fait une longue mine, pince les lèvres et ne mange plus.

— As-tu mal, lui demande Mathilde.

— Non, dit sèchement Emma.

— Tu n'aimes pas cela ?

— Si.

— Et bien, mange alors.

— C'est la société qui me déplait. Je n'ai jamais mangé avec des ouvriers.

Les fillettes rougissent, Michel n'a rien entendu, il est tout à la joie d'être convié au festin.

— Chez ma mère les domestiques ne sont pas admis à notre table, je préfère ne pas goûter, reprend Emma en se levant de table.

Michel a compris, il reste stupéfait de l'injure, puis gêné, humilié, il pousse sa chaise en arrière, serrant les lèvres pour ne pas pleurer, mais malgré tous ses efforts ses larmes coulent et il se sauve pour cacher son chagrin à toutes ces demoiselles.

— Courez après lui, supplie Geneviève, c'est mal, très mal d'humilier ce pauvre garçon.

— Pauline, Mathilde et Valentine se précipitent entraînant leurs chaises, elles rattrapent Michel, le saisissent l'une par un bras, l'autre par le pan de sa veste.

— Viens, viens, ne t'inquiète pas de cette Emma. Tu emporteras ton goûter si tu le préfères.

Michel se débat en sanglotant. Il a la conscience en repos, il n'a commis aucune faute et il ressent l'envie pour la première fois. Il voudrait avoir la même position que cette demoiselle pour lui apprendre qu'on doit être poli avec tout le monde.

Pauline tient Michel par le bras et le tire de toutes ses forces vers Geneviève qui se lamente de ne pouvoir bouger.

Mathilde et Valentine poussent le petit jardinier, bon gré malgré il arrive devant la table en même temps que Mlle Sensée sort, on ne sait d'où, et réclame des explications.

Toutes les jeunes filles parlent, faisant force gestes, et maintenant le sujet du débat qui rouge, en larmes, veut encore fuir.

— Va t'asseoir, dit Mlle Sensée à Michel, Geneviève t'a invité, tu as accepté et tu as bien fait. Quant à vous, mon enfant, dit-elle à Emma, vous avez cédé à un mouvement d'orgueil irréfléchi. Mme Malbert permet à sa fille de voir souvent Michel parce que cet enfant est bien élevé, discret, courageux et que ses parents sont honnêtes et convenables. Si Michel s'était imposé, vous auriez eu le droit de protester, mais il se retirait. J'ai vu de loin toute la scène. L'instruction, l'éducation surtout effacent les distances sociales, et le premier principe d'une bonne éducation est de ne pas affliger son prochain. La politesse seule vous ordonnait d'accueillir l'hôte présenté par Geneviève. Croyez-moi, remettez-vous à table à côté de Michel, à moins que vous ne préfériez rentrer chez vous ?... En ce cas, j'écrirais à votre mère ce qui vient de se passer.

Emma, pâlissant de colère, n'osa résister; elle s'assit, mangea à peine, et ne dit rien. Toutes les attentions des quatre amies se reportèrent sur Michel, qu'elles interrogèrent sur ses études.

Il était le plus instruit: bientôt il bavarda et son babil amusa fort la petite réunion.

29. — La plante dégage de l'oxygène et, au contraire, l'animal l'absorbe.

Geneviève a passé une délicieuse journée et sa mère lui réserve la surprise de lui en donner de semblables chaque jeudi.

Les mères de Mathilde, Pauline et Valentine sont heureuses d'adoucir les ennuis de la longue convalescence de la jeune malade et confient très volontiers leur fille à Mme Malbert et à Mlle Sensée.

Juin est, dans le nord de la France, le plus beau mois de l'année, le soleil en pleine force, détruit la mauvaise influence de ce climat trop humide.

Les trois jeunes filles apprécient les charmes du grand jardin, puis elles aiment Geneviève et sont heureuses de reprendre avec elle de fréquentes relations.

Elles s'intéressent au domaine de Geneviève. Dès le jeudi suivant, elles accourent joyeuses, et quand les phrases de bienvenue sont échangées, elles remarquent l'effet de la sécheresse sur les plantes qui penchent leurs tiges et se flétrissent sous l'ardeur du soleil. Geneviève se tourmente de ne pouvoir remédier au mal quand Alain vient à passer par-là.

— Je vais creuser un trou profond à l'entrée de votre jardin, dit le brave homme, j'y mettrai un grand tonneau et je le remplirai quand j'aurai un moment de disponible ; ainsi l'eau aura perdu la température presque glacée qu'elle a au sortir de la pompe et Michel pourra chaque jour arroser les plantes les plus délicates, mais veillez à ce qu'il arrose lentement pour que la terre s'imprègne. Faites surtout arroser le soir, le matin l'évaporation est trop rapide à cause de l'ardeur du soleil.

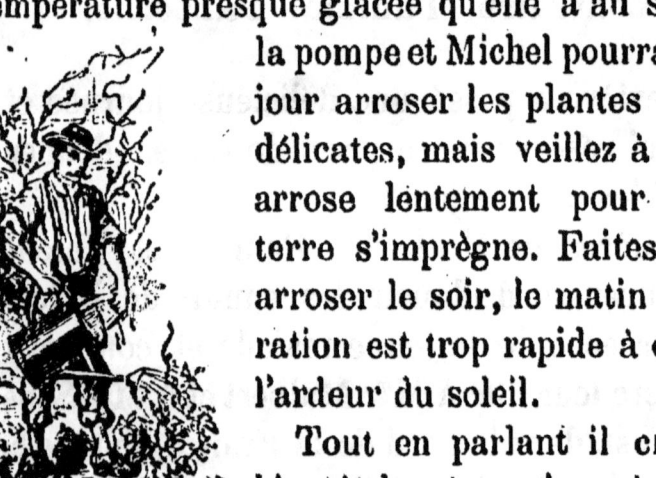

Alain arrosant.

Tout en parlant il creuse et bientôt le réservoir qui déborde rassure Geneviève sur le sort de ses plantes. Pendant ce temps les fillettes coupent toutes les fleurs fanées qui fatiguent la plante. Les œillets et les rosiers, en pleine floraison, sont couverts de boutons, de fleurs épanouies et d'autres entièrement flétries.

— Voilà, ma chère Geneviève, disent-elles en apportant une grande corbeille pleine, le résultat de notre cueillette, nous avons terminé la toilette de ton jardin, il est vraiment plus joli ainsi. Croirait-on que les plantes comme les gens ont besoin d'être soignées ?

— Ces soins-là sont peu de chose, dit Geneviève, mais il faut surtout connaître le goût des plantes pour les faire prospérer.

— Leur goût, dit Pauline en riant ?

— Je devrais dire leur nature : ainsi, le fuchsia demande de l'ombre et de l'humidité ; le géranium n'a de belles fleurs qu'en plein soleil et avec peu d'arrosage ; les héliotropes donnent à profusion de petits bouquets odoriférants quand ils sont plantés en terre légère bien exposée au soleil. Les verveines rampent, couvrant de leur vert feuillage et de leurs fleurs roses, rouges, blanches, lilas, le terreau où leurs délicates racines puisent les sucs nourriciers. Les balsamines, aux grosses tiges entourées de fleurs, demandent aussi du soleil dont toutes les plantes ont plus ou moins besoin. Trop d'ombre favorise le développement du feuillage et nuit à la floraison.

Oui ! elles vivent, mes chères fleurs, et je me

demande parfois en quoi elles diffèrent de certains animaux rudimentaires.

— Les plantes diffèrent essentiellement des animaux, dit Mlle Sensée, qui travaille tout près de Geneviève, et vous trouverez dans leur respiration, la ligne qui sépare le règne végétal du règne animal. L'animal dépouille l'air de son oxygène et aspire de l'acide carbonique. La plante, au contraire, par ses feuilles, par ses parties vertes, absorbe de l'acide carbonique, le décompose, en fixe le carbone et en dégage l'oxygène.

— C'est pour cela, dit Mathilde, que ma mère me défend de laisser la nuit des plantes dans ma chambre.

— C'est étrange, quand on y pense bien, cette respiration des fleurs !

— Et les limaces qui voyagent avec une cuirasse, en manteau, et peuvent avoir des maladies de cœur, dit Michel.

Cette idée extravagante de Michel fait jaillir un éclat de rire général.

— Donc les plantes respirent, reprend en souriant Mlle Sensée. La respiration est indispensable à la vie, elle l'entretient, la renouvelle et la plante puise en outre par ses racines la nourriture qui lui permet un si rapide développement.

30. — Le temps perdu ne se rattrape jamais.

Ces distractions saines, les cours de Mlle Sensée, font passer le temps avec une grande rapidité. La fin de juin voit les jeunes amies au jardin. Elles sont plus intéressées chaque jeudi par cette étude de la nature dont l'aimable et savante institutrice feuillette une page de temps à autre. Elles s'amusent aussi à interroger Alain sur ses travaux et s'étonnent de le voir sans cesse occupé et surtout préoccupé de ne rien négliger.

Il a semé une grande quantité de plantes vivaces et bisannuelles. Les légumes en plein rapport ont été donnés à la cuisine pour les conserves. A la fin du mois, Alain apporte triomphant les premières poires mûres, ce sont les espèces de petit muscat et d'amiré Joannet ainsi que quelques prunes myroboland.

— Vous vous reposerez en Juillet, disent les fillettes au jardinier.

— A Juillet, faucille au poignet, répond Alain, sans compter tout le reste.

Je sèmerai les escaroles, chicorées, brocolis, épinards, scorsonères ; je planterai les choux-fleurs et j'empaillerai les céleris. C'est bien dans notre état qu'on peut dire : Le temps perdu ne se rattrape jamais.

Michel travaille aussi. Le petit jardin est en plein rapport; les mamans des fillettes font des commandes à Geneviève.

Michel fait des tas de légumes. Le cerfeuil est rare, à cause de la sécheresse, et il y en a du très beau dans la propriété de Geneviève ainsi que du persil, des salades et des haricots verts bien tendres.

L'embarras a été grand quand il s'est agi d'évaluer les légumes, et il faut pourtant en accepter le paiement puisqu'il doit être le salaire de Michel. Ces dames ont elles-mêmes fait un prix pour mettre Geneviève plus à l'aise, et la fillette joint toujours aux produits de son jardin un superbe bouquet.

L'épargne de Michel grossit, il est très heureux de remettre chaque mois à son maître la petite somme qu'on inscrit sur son livret de caisse d'épargne scolaire.

Le jardinage ne nuit pas à ses études, au contraire, Michel est plus dispos, n'ayant en l'esprit aucune mauvaise pensée, aucun regret de ne pouvoir vagabonder avec d'autres jeunes garçons.

La société de ces jeunes demoiselles bien élevées a une heureuse influence sur son caractère et son éducation, il soigne davantage son langage, n'emploie jamais d'expressions triviales ni grossières.

31. — Les vaches à fourmis.

— Regarde donc, Geneviève, dit Pauline, toutes ces petites bêtes avec leur gros ventre et leurs antennes noires qui couvrent ce rosier blanc.

— Mes belles roses de la Malmaison, s'écrie Geneviève !... Voilà donc de nouveaux ennemis.

— Ce sont des vaches à fourmis, dit Alain qui passe en ce moment et s'arrête en entendant l'exclamation de la jeune malade.

Les jeunes filles éclatent de rire.

— Mais ce sont des pucerons, dit Mathilde, et peut-on comparer ces petits insectes à de gros animaux comme les vaches?

— Je les ai toujours entendu nommer ainsi par mon grand-père, répond Alain, qui n'a pas le temps de discuter de la raison du surnom donné aux pucerons.

Mlle Sensée trouve les jeunes filles tenant à la mains des jeunes pousses de rosiers, elle a entendu les éclats de rire et veut en connaître la cause.

— Ne sentez-vous pas, dit-elle, vos doigts collants comme si vous aviez touché du sucre.

— C'est vrai, disent les fillettes, nous n'y faisions pas attention.

— Les pucerons sécrètent une liqueur sucrée, nommée miélat. Les fourmis, qui aiment les bonnes choses, trouvant de leur goût cette liqueur, lèchent tout simplement les pucerons.

Bœuf.

— Ce n'est pas une raison pour les nommer des vaches, reprend Pauline.

— Je n'ai pas fini, mon enfant, certaines fourmis, friandes et prévoyantes, partent en campagne et quand elles ont trouvé de bons gros pucerons, riches en sucre, elles les enlèvent, les emportent et les tiennent en captivité. Elles ont ainsi des étables où elles vont se régaler à volonté.

— Est-ce donc étrange, dit Valentine, et croirait-on qu'on puisse apprendre tant de choses intéressantes en se promenant dans un jardin.

— Mes roses seront perdues, dit Geneviève, et je ne me console pas en pensant à Mesdames les fourmis.

— Il faudra supprimer de suite les branches atteintes, car un couple de pucerons peut par saison produire des milliards de mêmes individus.

— Des milliards !

— Sont-ils tous de la même espèce, demande Michel, qui, le sécateur en main, attend les ordres de Geneviève.

— Non, il y en a au contraire de nombreuses

espèces dont une centaine vivent en parasites sur les plantes.

— Heureusement qu'on peut les détruire facilement, dit Mathilde, car ils ne bougent guère plus que les plantes.

— Ils émigrent parfois, au contraire, non point ceux du rosier, mais ceux d'autres espèces; il y eût même une invasion si extraordinaire en 1787 que le souvenir en est resté chez les vieilles gens qui l'ont entendu conter de leurs parents. A la suite du curage des canaux de la ville de Gand, les pucerons envahirent toute la partie occidentale de la Belgique jusqu'à Bruxelles et Louvain. Ces pucerons ne furent détruits que par de violents orages.

— Mais si un puceron produit des milliards de pucerons et que ces milliards fassent de même comment ces petits insectes n'arrivent-ils pas à tout dévorer ?

— Ils ont de nombreux ennemis ; les larves, les coccinelles, les crabrons, les ichneumons, etc... sans compter les oiseaux qui s'en nourrissent aussi.

Je ne me fie pas à ces défenseurs-là, dit Geneviève, je voudrais garantir mes rosiers.

— Faites-les arroser avec de l'eau de suie, on assure que c'est très bon.

— Mais comment les pucerons nuisent-ils aux

plantes, ils ne doivent pas manger beaucoup, ils sont si petits.

— Ils nuisent de trois façons, par leurs piqûres, leur sécrétion miellée et par la déformation qu'ils produisent sur les divers organes des végétaux qu'ils infestent. Le puceron du rosier a une sécrétion très abondante qui détermine le desséchement des feuilles et la mort des rameaux.

32. — La charité est le premier des devoirs.

Voici Juillet, Alain est plus occupé encore ; il enseigne à Michel la façon d'écussonner les poiriers, les pommiers, les pruniers. Il donne des tuteurs aux arbres et arbustes un peu frêles. Il retire de terre les griffes, les oignons qui ont encore quelques feuilles et les fait sécher.

Il sème les pensées, marcotte les œillets.

Michel n'est pas maladroit et promet de devenir un bon horticulteur.

Geneviève, à l'ombre de sa tonnelle, attend ses amies, tandis que Michel ratisse les allées et reste silencieux, contre son habitude. Sa figure, à l'expression ouverte et réjouie, est penchée, et Geneviève s'inquiète de l'attitude de son petit jardinier. Sans la fraîcheur de ses joues, elle le croirait malade.

Elle lui parle, il répond poliment, mais juste

quelques mots comme quelqu'un qui est bien loin de la conversation.

Qu'a-t-il, se demande Geneviève, ses parents se portent bien, je les ai vus tout-à-l'heure. Il a peut-être été puni hier? Elle n'ose l'interroger pour ne point augmenter sa confusion, lorsque Michel, arrêtant le mouvement de son râteau, dit à Geneviève.

— Mademoiselle, combien faut-il de viande de bœuf pour faire un bon pot-au-feu ?

— Ah ! pour cela je ne puis te renseigner, dit-elle, stupéfaite, maman s'occupe des détails du ménage et n'en parle guère devant moi.

Michel soupire, hésite et reprend.

— Mais vous savez, à peu de chose près, le prix de la viande ? Avec un kilog. a-t-on du bon bouillon ?

— Oui, mais cela dépend de la quantité de soupe qu'on veut avoir.

— Faut-il beaucoup de légumes pour le pot-au-feu ?

— Me diras-tu enfin, Michel, ce que signifie ce subit intérêt pour l'art culinaire ?... As-tu envie de faire la cuisine, et la position de marmiton te semble-t-elle plus attrayante que celle de jardinier.

— Non, non... ce n'est pas pour cela, mais la viande coûte cher, n'est-ce pas, maman répète souvent que c'est la plus lourde dépense d'un ménage d'ouvrier.

— Oui, Michel, la viande est chère surtout quand elle est de bonne qualité.

Michel soupire, baisse la tête et reprend son travail, mais en passant devant Geneviève il s'arrête encore.

— Mademoiselle, pourrais-je avoir quelques salades et des haricots verts, je prendrai les plus gros, Mme Malbert n'aime que les plus petits et cela ne la contrariera pas, je pense.

— Tu peux en prendre, Michel, mais tu m'intrigues par trop et je te prie de me dire pourquoi tu deviens subitement comme une bonne ménagère en peine du prix des vivres et ce que tu veux faire de mes légumes.

— Si vous saviez, Mademoiselle ! Enfin je vais vous dire la chose qui me préoccupe : Adrien Verberen est mon ami, il est souvent le premier, quand je ne le suis pas....

— Cela vous fait honneur à tous deux.

— Depuis quelques jours, Adrien ne savait guère bien ses leçons, ses devoirs étaient mal faits, et le maître hier matin lui témoigna son mécontement. Le pauvre Adrien baisse la tête et devient si pâle, si pâle que le maître lui demande s'il est malade :

— J'ai bien mal à l'estomac, dit le pauvre

garçon à voix basse. Précisément, le médecin inspecteur visitait les classes, le maître le prie d'examiner Adrien.

— As-tu déjeûné, mon garçon, demande le médecin ?

— Non, Monsieur.

— As-tu soupé hier ?

— Non, Monsieur.

— Tu n'as pas d'appétit ?

— Si Monsieur, mais !..... Et voilà Adrien qui sanglote.

— Que font tes parents, reprend le médecin ?

— Mon père est en voyage pour trouver du travail, et ma mère est malade.....

— Et il n'y a plus de pain chez vous ?

Adrien pleure de plus belle.

Aussitôt le maître et le médecin font chercher du pain et du lait.

— Si vous aviez vu Adrien dévorer cela, Mlle Geneviève, vous auriez eu pitié, il était affamé. Entre les bouchées, le médecin demandait d'autres explications, nous avons su ainsi qu'Adrien a une petite sœur de deux mois et encore quatre autres frères et sœurs et que toute la famille n'avait pas mangé depuis hier à midi. Le médecin a donné un secours d'urgence au nom du Denier des écoles laïques. Ces pauvres gens ne mourront pas de faim aujourd'hui, mais depuis hier je pense sans cesse à mon condisciple, et je voudrais qu'au moins sa mère ait du bouillon. On dit que c'est très bon pour les malades, mais je ne possède que 0 fr. 75 dans ma bourse et si vous vouliez me donner le prix des légumes de ce mois je pense que cela serait aussi bien de faire plaisir à la famille Verberen que de mettre cet argent de côté.

Je porterai en même temps les légumes que vous m'autorisez à prendre.

— Oui, Michel, la charité est le premier des devoirs. Je suis émue aussi de la triste position de cette famille, mais donne-moi encore d'autres détails sur cet Adrien. Est-il poli, convenable, propre ?

Le petit jardinier répond avec volubilité et Geneviève écoute attentivement l'éloge du condisciple de Michel. Le babil de Pauline, Mathilde et Valentine interrompent Michel, et la jeune malade instruit aussitôt ses amies de l'événement qui la préoccupe et l'attriste.

Les jolis visages roses sont consternés, les yeux sont humides.

Les fillettes entourent la grande voiture en poussant des exclamations de pitié.

— Souffrir de la faim !... Est-ce possible !...

— Parfois nous avons aussi mal à l'estomac, mais pour avoir abusé des gâteaux ou des sucreries !... Est-il croyable qu'une pauvre maman et ses enfants n'aient pas à manger ?

— Il y a une toute petite fille de deux mois, insiste Geneviève, et la pauvre mère ne peut acheter du lait ?....

— Il faut faire quelque chose pour cette famille.

— Je donne mes 75 centimes, dit Michel.

Il tire les sous de sa poche et les compte un à un.

Aussitôt chaque fillette ouvre son porte-monnaie et en verse tout le contenu devant Geneviève qui additionne.

— Sept francs cinquante, dit Geneviève, c'est quelque chose. Mais comment envoyer cela ?... Le secours donné par le médecin sera vite épuisé et d'ici demain si ces malheureux avaient encore faim ce serait terrible..... Poussez ma voiture, arrêtez-là devant les fenêtres de la salle d'étude où Mlle Sensée corrige mes devoirs. Je lui parlerai ainsi sans la déranger.

33. — Gardez-vous de juger trop vite les actions de vos supérieurs.

Mlle Sensée écoute attentivement cette lamentable histoire. Michel, pour la troisième fois, reprend la parole et après une délibération très animée à laquelle Mme Malbert a pris part, un grand panier est apporté et on l'emplit de pain, de vin, de viande et de légumes.

— J'irai porter tout cela avec la femme de chambre, dit l'institutrice, et je m'assurerai ainsi des besoins réels de cette famille.

— Emmenez-nous, Mademoiselle, s'écrient les trois jeunes filles, nous voudrions tant voir la toute petite fille.

Mme Malbert hésite, mais Geneviève supplie et Melle Sensée propose de laisser sous la garde de la femme de chambre les trois amies.

— J'entrerai seule, dit-elle, et je m'assurerai qu'il n'y a à craindre aucune maladie contagieuse.

Aussitôt les fillettes mettent leurs chapeaux en sautant de joie, et Melle Sensée, accompagnée de Pauline, Mathilde et Valentine, suivies de la femme de chambre, s'en vont d'un bon pas vers la demeure d'Adrien.

Geneviève attend impatiemment leur retour qui ne tarde guère.

— Cette famille est digne du plus grand intérêt, dit Melle Sensée à Mme Malbert.

La mère est malale de privations. Malgré son extrême faiblesse, sa chambre n'est point en désordre. Les petites filles, l'une de quatorze ans, l'autre de dix ans, prennent soin des plus jeunes enfants et travaillent comme de grandes personnes.

L'aînée, confectionne des chemises à la machine à coudre.

Le père, bon ouvrier, employé depuis dix ans dans la même usine, a été renvoyé avec un grand nombre d'autres travailleurs parce qu'on a réduit le personnel de l'établissement. Les économies ont été absorbées par ce chômage forcé et par la maladie. La charité des voisins, un peu de crédit, ont seuls permis à ces malheureux de vivre jusqu'à présent.

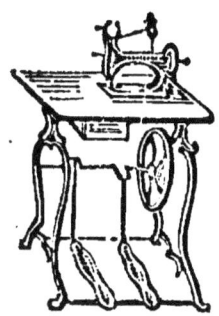

Machine à coudre.

Mme Malbert attire Melle Sensée dans la maison tandis que Geneviève écoute ses amies.

Elles sont très satisfaites de leur visite, elles racontent la joie, l'émotion de cette pauvre mère en voyant arriver ce secours inespéré. Mme Vereren avait les larmes aux yeux, en recevant la petite somme que Mathilde, étant l'aînée, a eu le privilège d'offrir au nom de toutes. Enfin elles ont vu la petite Irène, très gentille surtout quand elle rit, et un gros bébé de deux ans qui battait des mains en disant :

— De la iande !... De la iande.

L'heure du goûter sonne et Melle Sensée s'oppose à ce qu'on le serve au jardin. Le temps se couvre et la chaleur étouffante fait craindre un orage. La salle d'étude est assez spacieuse pour y jouer à l'aise. Les poupées sont tirées de l'armoire où Geneviève les laisse bien souvent en repos, on procède à leur toilette.

Geneviève n'a guère d'entrain, elle regarde Melle Sensée qui tricote avec une remarquable agilité. Un tricot blanc neigeux descend de ses aiguilles de bois, et la jeune fille, intriguée, demande à quoi servira ce travail.

— Je fais un gilet de laine pour la petite Irène, dit-elle. Celui-ci sera fini tantôt; demain, j'en commencerai un autre, ainsi la mignonne aura chaud et sera propre. Il n'y a presque plus de linge chez ces pauvres Verberen et je ferai mon aumône en nature.

Les amies se regardent en souriant. A part Geneviève, qui connaît le cœur de son institutrice, elles ont eu une mauvaise pensée qu'elles n'ont point osé se communiquer, tant c'était grave ; elles ont supposé que Mlle Sensée était égoïste, avare, parce qu'elle n'avait pas joint son obole à la leur et elles sont heureuses de s'être trompées.

34. — Le souvenir d'une bonne action accomplie nous est plus agréable que celui du temps passé à nous distraire.

Pauline, pensive, laisse sa poupée à demi-vêtue, la tête en bas, et comme on s'étonne de la voir ainsi, elle propose de travailler pour la petite Irène.

La proposition est acceptée à l'unanimité et aussitôt exécutée.

Vite les dés, les aiguilles, les ciseaux, le fil sont préparés, pendant que Melle Sensée rejoint Mme Malbert pour la prier de faire de nouvelles largesses. Bientôt s'étalent sur la table, de vieux draps et des coupons. Melle Sensée se charge de la coupe, qui exige encore plus de pratique que de théorie, elle enseigne comment il faut, selon les cas, couper de biais ou en droit fil et comment on perd le moins d'étoffe. Elle ajuste les pièces, les jeunes filles les faufilent et enfin les cousent. Il y a des langes, des draps, des taies d'oreillers, des chemises ouvertes et fermées, des béguins et même des robes, de jolies robes roses, taillées dans un ancien costume de Geneviève.

— On se trompe d'heure, s'écrient les trois amies quand on vient les chercher, il ne peut être aussi tard.

Elles auraient voulu travailler davantage et proposent d'emporter les pièces commencées trouvant qu'il est plus raisonnable de coudre pour un enfant pauvre que pour une poupée.

— Le temps a volé, dit Mathilde.

— Je suis très contente de ma journée, ajoute Valentine.

— Moi aussi, dit Pauline, pourtant nous n'avons rien fait d'extraordinaire.

— Mes chères enfants, dit Melle Sensée, vous avez fait une bonne action. Vous avez eu spontanément l'idée de donner votre argent et vos loisirs à des enfants moins heureux que vous et votre coopération à leur bien-être vous donne une joie plus vive que toutes celles procurées par les jeux. Votre argent employé en superfluités, vos heures passées à habiller vos poupées ne vous auraient rien laissé dans le cœur, ni dans l'esprit, tandis que vous jouissez dès à présent du bien que vous avez fait.

— C'est vrai, murmure Geneviève, mais je ne connais pas ces braves gens, et tout en étant heureuse de les avoir secourus, je ne me fais pas l'idée de ce qu'ils sont.

— La pauvre mère, aussitôt rétablie, vous amènera sa petite Irène, c'est pourquoi je me hâte de travailler.

Les amies se préparent à partir, et Michel, qui est venu apporter les bouquets destinés aux mamans, est appelé à admirer une chemise si petite qu'on la croirait destinée à une poupée, un bonnet bon à coiffer un poing, une taie d'oreiller et une robe à demi-confectionnée.

Michel admire de confiance, il ne connait rien à ces affaires-là, mais néanmoins il dit à sa mère qu'il n'a jamais vu d'aussi bonnes et belles demoiselles.

Toute la soirée, Alain et Sylvie dissertent de l'avantage d'avoir une position stable qui assure le pain quotidien et, pour la première fois, il est question de la future position de Michel. Le jeune garçon pense qu'un jour il sera un homme et devra gagner sa vie, et cette pensée le rend très sérieux.

35. — Un léger bienfait produit parfois un grand bien.

Les fillettes, aidées de leurs mères, ont mené à bien leur entreprise. Sur la table de la salle d'étude s'étale une layette. Six chemises, quatre bonnets, dix-huit langes de toile, six langes de laine, des taies d'oreiller, des draps, sont pliés, assemblés en petits paquets noués de faveur bleue. Des amours de petits bas, de chaussons, de gilets sont rangés en lignes serrées. On dirait, à les voir, que les petits chaussons vont partir seuls et que de mignonnes mains vont sortir des manches des gilets.

Mme Malbert a donné une couverture de laine.

Les amies contemplent avec un juste orgueil ces merveilles sorties de leurs doigts et attendent impatiemment l'arrivée de la femme Verberen.

Elle entre enfin et reste discrètement à l'entrée de la salle, mais Melle Sensée est déjà auprès d'elle, enlevant de ses bras la petite Irène qu'elle remet aux mains de Geneviève.

Les jeunes filles s'empressent de donner une chaise à la mère d'Adrien, qui suit des yeux, en souriant, son dernier-né et rassure le gros garçon de deux ans s'accrochant à ses jupes.

Geneviève est ravie, Irène rit, elle saisit tout ce qu'on lui présente et suce gloutonnement le doigt de Mathilde.

— Est-elle gentille!... Et ce garçon-là, comment se nomme-t-il?

— Georges.

Georges est attiré dans le groupe des fillettes, elles l'apprivoisent avec des gâteaux et des jouets. Il engouffre les friandises en pressant contre son cœur un polichinelle dont les jambes battent son tablier.

Polichinelle.

Mme Malbert, Melle Sensée et Mme Verberen, à l'autre bout de la salle d'étude, se sont entretenues longuement.

Il faut rendre Georges et Irène à leur mère.

— Vous êtes bien bonnes, Mesdemoiselles, dit la mère d'Adrien en recevant toutes les pièces de la layette, grâce à vous ma petite Irène sera bien vêtue et je vous remercie de tout mon cœur. La pauvre femme essuie ses larmes et Geneviève, dont la voix chevrotte, répond :

— Nous sommes aussi bien contentes, madame, votre petite fille est très gentille, amenez-là encore, nous voulons continuer à travailler pour elle, n'est-ce pas demande-t-elle à l'auditoire ?

— Bien volontiers, dit Valentine, qui tire son mouchoir et pleure tout à fait.

— Sans vous, sans votre bonté, je serais peut-être morte de faim, dit Mme Verberen.

— Un bienfait produit parfois un grand bien, dit Mlle Sensée.

Il y a encore d'autres enfants, nous penserons à eux, dit Pauline, pour votre prochaine visite.

Cette promesse fait diversion à l'émotion trop vive. Les paquets sont réunis à des provisions dont Mme Malbert fait encore largesse à la pauvre famille. Michel est mandé pour porter le tout. Il est très flatté d'arriver chez son camarade avec tant de bonnes et belles choses, et les jeunes filles sont encore sous le coup de leur émotion quand arrive Emma, qui vient quelquefois le jeudi visiter sa voisine.

36. — La reconnaissance est un devoir.

La salle d'étude est ornée de tout ce qui peut aider à perfectionner l'instruction ; une bibliothèque bien garnie, une grande sphère, un télescope, d'immenses cartes, offrent aux jeunes filles de fréquents sujets de conversation, et Michel est surtout heureux quand M. Malbert lui donne une leçon d'astronomie.

Sphère.

Mais les jeunes filles ne sauraient parler d'autre chose que de l'événement qui les a tant occupées, et Emma les écoute en étalant sa robe et faisant valoir un bracelet neuf, mais c'est en pure perte. Mathilde raffole de la petite Irène, Valentine du gros Georges et Pauline se préoccupe des autres enfants qui seront peut-être tristes d'avoir été oubliés.

— C'est qu'en effet, dit Geneviève, nous n'avons eu d'attentions que pour les enfants présents et les autres sont tout aussi dignes d'intérêt ; il faudra une autre fois leur envoyer un petit cadeau.

Emma reste indifférente, elle sourit avec dédain et dit d'un ton sentencieux :

— Vous connaissez à peine cette femme et l'on croirait à vous entendre qu'elle est à plaindre, mais, comme dit ma gouvernante, la plupart des pauvres méritent leur sort. Ils répondent aux bienfaits par l'ingratitude.

— La mère d'Irène nous a remerciées au contraire si simplement que nous avons pleuré.

— Cette malheureuse a su vous flatter. Croyez-moi, ne vous laissez pas tromper ainsi, quand vous cesserez de lui donner, cette femme deviendra votre ennemie.

— Non, non, protestent les quatre amies. Et puis des enfants si bien élevés ont pour mère une honnête personne. Michel nous dit tant de bien d'Adrien.

— Si vous vous en rapportez aux renseignements de vos subalternes, je n'ai plus rien à dire.

— Mais Michel n'a aucun intérêt à nous tromper.

— Cette femme vous a raconté ce qu'elle a jugé capable de vous émouvoir. Elle vous a dupées, comme tant d'autres, qui dissipent en un jour le salaire d'un mois et qui sont ainsi plus à blâmer qu'à plaindre.

— Pourtant !

— Voulez-vous le parier avec moi, ce Verberen boit, sa femme gaspille, et en ce moment elle vend les effets que vous avez confectionnés pour sa petite fille.

— Oh ! fait Geneviève, en se redressant pour protester, ce serait trop mal !

— Je n'aurai plus le courage de travailler pour les pauvres, dit Mathilde.

— Ni moi, dit Valentine en laissant tomber son ouvrage.

— Vous auriez tort, mes enfants, dit une voix ferme bien connue.

C'est Melle Sensée qui parle. Quand est-elle entrée ? s'est-elle assise ? les filettes n'en savent rien et s'en inquiètent peu. Elles sont consternées, toute leur joie est tombée ; la défiance ferme leur cœur, éteint leur sourire.

— La mère d'Adrien est honnête, reprend la voix élevée de Melle Sensée, empreinte de sévérité ; elle vous a peut-être imparfaitement exprimé sa gratitude, mais elle n'oubliera pas d'enseigner à ses enfants que si la charité est un devoir, la reconnaissance en est un aussi.

37. — Mieux vaut une charité perdue qu'une infortune méconnue.

Un silence gênant règne dans la grande salle et Melle Sensée reprend :

— M. Malbert s'est occupé de la famille Verberen. Il a eu les meilleurs renseignements sur les antécédents de ces braves gens et un bienfait ne pouvait être mieux placé.

— Cette famille est une exception, murmure Emma.

— Peut-être, répond Melle Sensée, mais quelque soupçon que vous ayiez sur la valeur morale des malheureux, ne les rejetez point sans les secourir. Mieux vaut une charité perdue qu'une infortune méconnue. Avez-vous déjà regretté une bonne œuvre ?

— Jamais, dit Valentine, mes parents sont secourables aux pauvres et je les aime encore plus en les voyant si bons.

— Maman, de même, secourt les malheureux, dit Mathilde.

— Ma mère m'a toujours dit d'être bonne, ajoute Pauline.

— Vos parents donnent avec discernement. Mme Malbert agit ainsi ; grâce à elle, la petite Irène ne criera jamais la faim, le lait de chaque jour lui est assuré.

Michel rentre en ce moment et raconte avec volubilité son entrée chez la mère d'Adrien ; la joie des enfants en voyant sortir du panier de nouvelles provisions et leur admiration devant la layette.

— Les sœurs d'Adrien, continue Michel, dépliaient et repliaient chaque pièce, elles riaient, battaient des mains, tant elles étaient heureuses de pouvoir habiller la petite Irène, et elles répétaient :

— Oh ! les bonnes demoiselles !... Nous voudrions les connaître, leur être agréable, mais nous n'avons rien, enfin nous les aimons beaucoup, beaucoup !...

Mlle Sensée n'ajoute rien à ce récit naïf. Les quatre amies ont repris leur gaîté. Emma les quitte bientôt les laissant au jardinage, un peu négligé pour la couture. Chaque fillette, à l'envi, se rend utile dans le jardin de Geneviève et Michel leur conseille de conserver des bulbes de tulipe qu'Alain sort de terre en ce moment et de les replanter en pots vers le mois de Décembre.

Tulipe.

— L'idée est bonne, dit Melle Sensée, mais savez-vous à quelle famille appartient la tulipe ?

— C'est une liliacée, dit Michel.
— Et d'où vient le nom de tulipe ?
— Je l'ignore.
— Il vient du persan *dulbend* qui veut dire turban.

38. — Qui dort en août
Dort à son coût.

La bonne œuvre, accomplie en commun, a resserré le petit groupe. Michel est l'ami des quatre jeunes filles, il apporte des nouvelles d'Adrien, d'Irène et du gros Georges. Il partage le goûter des fillettes, et de longues conversations s'engagent, non plus sur le jardinage mais sur les études scolaires. La distribution des prix est proche, les compositions sont à peu près terminées et chacun disserte sur ses espérances, sur les joies à venir des vacances prochaines.

Michel et Mathilde tiennent la tête de leur classe, ils ont figuré chacun sur le tableau d'honneur et ils espèrent avoir plusieurs prix. Michel est fort en sciences, Mathilde a plus d'aptitude pour les lettres, Valentine préfère la géographie, le dessin, l'histoire, Pauline compte sur un prix de style, elle excelle en récits et brode bien mieux ses narrations que ses tapisseries.

Geneviève écoute ses amies, regrettant de ne pas connaître ces luttes où le travail est la seule arme et qui donnent tant d'émotion et parfois de fiévreuse attente.

Elle aurait aimé s'asseoir sur les bancs de l'école à côté de jeunes compagnes, elle aurait écouté volontiers les cours des professeurs et se serait intéressée à tous les petits événements qui sont inséparables des agglomérations d'enfants.

Elle se plaint à ses amies de sa vie de recluse lorsqu'Alain vient à passer.

— M'est avis, Mesdemoiselles, dit-il, qu'on se repose du jardinage, pourtant, comme disait feu mon grand-père :

— Qui dort en Août,
Dort à son coût.

Et si vous étiez bien aimables, vous viendriez me donner un coup de main, je dois tailler les melons, les tomates qui grimpent au mur trop hardiment et les concombres qui accaparent le terrain. C'est un ouvrage qui n'a rien de déplaisant.

Melle Sensée se joint à la bande ; Alain indique aux jeunes filles comment on pince certaines plantes, et Mathilde, en regardant la fleur du concombre si petite, s'étonne qu'elle puisse former des fruits de si grosse taille.

— En effet, dit Melle Sensée, les cucurbitacées donnent d'énormes fruits dont un certain nombre sont succulents, tels que les melons, les pastèques. Mais ces plantes, pour fournir des produits ayant une grande saveur, demandent une température élevée, elles se développent mieux dans les régions chaudes. Les pastèques à chair rose sont délicieuses, mais elles ne poussent pas ici ; certaines espèces de melons, tels que le melon d'Espagne ou melon d'eau, ne sauraient mûrir dans le Nord.

Melon.

Et en opposition à de si bons fruits, les racines de la plupart des plantes de cette famille contiennent un principe âcre, amer et parfois vénéneux comme dans la bryone.

— Hélas, dit Geneviève, je suis toujours simple spectatrice des travaux et j'aurais tant de plaisir à y mettre les mains comme les autres.

— Si Mademoiselle veut, dit Alain, je lui apporterai les griffes et oignons qui sont seulement bien secs à présent. J'expliquerai à Mademoiselle comment elle reconnaîtra ceux qui doivent être conservés pour l'hiver; le triage fait, je n'aurai plus qu'à mettre de côté les bulbes et les oignons de tulipes, de jacinthes, de crocus et les griffes d'anémones pour les replanter à l'automne.

Geneviève arrange tout à la grande satisfaction d'Alain jusqu'au moment où une grosse pluie met les travailleurs en déroute. Seul, Alain regarde tomber l'averse sans bouger et en répétant :

> Quand il pleut en août
> Il pleut miel et moût.

39. — N'usons pas notre sensibilité pour des êtres insensibles.

Les prix ont été distribués à la satisfaction générale : Michel a eu de grands succès et Geneviève admire le prix d'honneur, doré sur tranche, qu'il a rapporté en triomphe. Pauline, Mathilde et Valentine reconnaissent avoir été récompensées selon leur mérite, et Emma même, qui ne manque pas de courage, est satisfaite de la part qui lui a été faite.

La réunion est tumultueuse, les jeunes filles s'agitent, parlent et font des projets pour toute la durée des vacances. Emma ira au bord de la mer avec ses parents mais l'époque du départ n'est pas décidée.

Les trois amies rêvent de venir voir Geneviève deux fois par semaine, le lundi et le jeudi, et de faire une quantité de choses, d'abord de reprendre la culture du jardin de Geneviève, en prévision de l'automne : la belle saison du Nord de la France, ensuite elles feront chacune un ouvrage sans rien dire à leur mère, c'est une surprise qu'elles réservent pour la fin des vacances, enfin Geneviève propose d'étudier la botanique.

— D'abord, qu'est-ce que la botanique, demande Emma d'un air entendu ?

— C'est une science qui nous donne la connaissance des végétaux, la description de leurs caractères et leur classification. Linné et Jussieu ont renouvelé la botanique.

C'est Geneviève qui parle, Emma sourit en disant : Tu n'y es pas, la botanique est autre chose.

— Pourtant Melle Sensée ne m'a jamais rien enseigné de faux.

— La botanique est l'art d'injurier les plantes en grec.

Les fillettes éclatent de rire.

— Alphonse Karr, un romancier connu qui cultive dans sa vieillesse des fleurs à Nice, a ainsi défini cette science, reprend Emma, et il trouve qu'un herbier est l'art de torturer, d'étouffer les fleurs (1).

— Alphonse Karr est un auteur de talent et d'esprit, dit Mlle Sensée, mais le sentiment à l'égard des plantes est d'une sensibilité assez mal placée ; telle personne compose de fort jolies élégies sur le sort d'une rose fanée, d'une plante arrachée, et refuse sans sourciller un léger secours à des malheureux. Commençons par aider nos semblables et ensuite, si nous le pouvons, après avoir vu les misères humaines, nous verserons des larmes sur les êtres auxquels leur conformation rudimentaire laisse ignorer la douleur.

40. — On s'avilit en abusant de la charité.

Les quatre amies cousent activement, à l'abri du soleil, sous la tonnelle du jardin de Geneviève, elles font du crochet, de la tapisserie et de

---

(1) Alphonse Karr aime beaucoup les fleurs, c'est lui qui le premier a envoyé de Nice des bouquets.

l'application sur drap, sur velours, ou sur peluche, Michel offre de calquer les dessins, les jeunes filles acceptent volontiers ses services. Grâce aux conseils de Melle Sensée, les travaux sont soignés, sont de bon goût et les mamans seront bien heureuses en recevant cette preuve d'affection de leurs enfants. Les langues font presqu'autant de besogne que les doigts, lorsque Geneviève fait un signe pour réclamer le silence.

— Il arrive quelqu'un, dit-elle, entendez-vous marcher et parler.

— On dirait un pensionnat, s'écrie Pauline qui interroge du regard la longue allée. Un, deux, trois, quatre, cinq enfants!... Tiens, c'est la mère d'Adrien avec toute sa famille!... Melle Sensée donne la main à une petite fille et Mme Malbert en accompagne une autre. Ils ont tous l'air très convenable très bien élevé. Mais ils arrivent et nous ferons bien d'aller au devant d'eux, nous ne pouvons laisser envahir tes domaines par tant de monde.

Bientôt les fillettes rencontrent Mme Verberen, des chaises sont apportées. Mathilde s'empare d'Irène qui ouvre de grands yeux en regardant le jardin. Valentine prend le gros Georges et Mme Verberen d'abord embarrassée se remet et remercie les jeunes filles de leur aimable accueil.

— Mes enfants m'ont souvent priée, Mesdemoiselles, de les amener et j'espère que Mme Malbert excusera mon indiscrétion. Nous voulons tous vous remercier ainsi que Mme Malbert et Melle Sensée. Grâce à vos bontés, ma santé est très bonne, grâce surtout à la protection de M. Malbert, mon mari a obtenu une place au chemin de fer, ma fille aînée Justine, qui avait dû abandonner son apprentissage de couturière pour me soigner, est rentrée en atelier et elle a obtenu congé cette après-midi pour m'accompagner. L'année prochaine, Adrien commencera aussi à gagner un peu d'argent et nous n'aurons plus la misère à craindre. Vos secours nous ont aidés à traverser la plus terrible épreuve qu'aient à supporter les ouvriers : le chômage.

— Je suis très aise de vous entendre parler ainsi, dit Mme Malbert, mais le salaire de votre mari sera-t-il suffisant pour élever votre famille.

— Je l'espère, Madame, mes petits enfants allant aux écoles, j'ai quelques heures de disponible par jour. Mes enfants sont raisonnables. Mes filles, à leur rentrée de classe ou d'apprentissage font le ménage et raccommodent les bas. Adrien ne court jamais les rues et aussitôt ses devoirs faits, il aide ses sœurs. Il pompe l'eau, porte les seaux, enfin il nous rend service et ainsi je puis encore gagner quelques sous par jour en faisant des boutonnières.

Jusqu'à présent je n'avais eu recours à personne et il m'a été cruel de tomber en une si grande détresse. J'ai dû demander du pain à mes voisins pour mes pauvres enfants qui pleuraient de faim. A présent, Madame, que le travail de mon mari est assuré, nous pouvons au moins ne plus recourir à la charité. Mme Malbert, après avoir longuement interrogé Mme Verberen, lui demanda si le secours hebdomadaire qu'elle lui donnait était encore indispensable pour lui permettre de subvenir aux besoins de sa nombreuse famille.

— Non, Madame, répondit la mère d'Adrien, et je vous réitère mes remerciements pour tout le bien que vous nous avez fait. Mon mari répète souvent qu'en abusant de la charité on s'avilit tout en faisant tort à plus malheureux que soi.

41. — Bonne conscience et bonnes actions compensent bien des privations.

Les enfants Verberen regardent émerveillés les fleurs, les oiseaux, les papillons et surtout les prunes et les poires qui font ployer les arbres. Geneviève attire sa mère et lui dit entre deux baisers :

Papillon.

— Puis-je faire goûter ces enfants, ma petite mère.

— Oui, ma chérie, mais je n'ai qu'une assiettée de gâteaux destinés à tes amies. Tu est libre d'en disposer ainsi que des fruits, encore rares en ce moment. Tout ce qui est mangeable a été cueilli ce matin et tu peux faire chercher la corbeille pleine qui est dans la salle à manger.

Geneviève se concerte avec ses amies, qui ont apporté depuis longtemps des objets destinés aux enfants qu'elles ont vus si sages et si courageux durant la maladie de leur mère.

Les bonnes fillettes s'envolent vers la maison comme de joyeux oiseaux et reviennent les mains pleines. Une petite table de jardin est vite couverte de gâteaux, de fruits et de grosses tartines de beurre, Michel porte avec précaution du sirop de groseilles.

Mathilde, Pauline et Valentine font approcher les enfants et les servent. Adrien et Justine réprimandent, à demi-voix, une petite fille de cinq ans et le gros Georges qui ont pris un gâteau de chaque main. Geneviève ne cesse de rire en voyant avec quelle gravité Georges se hâte d'entasser dans sa bouche les friandises dont le comble Valentine.

Ce n'est pas long, tout y passe. Il ne reste rien, rien du tout.... Alors la distribution commence, les jeunes filles reçoivent un joli nécessaire à ouvrage. Un beau plumier et un encrier sont la part d'Adrien, et les petits ont des jouets. Mme Malbert a aussi réservé une surprise, c'est un coupon de bonne étoffe qui fera d'excellentes robes aux petites filles.

Irène passe dans toutes les mains, reçoit des baisers et donne des sourires. Mme Verberen se lève, remercie encore, reprend son poupon dans ses bras et s'en va très heureuse.

Les quatre amies mangent de grand appétit les tartines de beurre. Mathilde prétend qu'elles sont meilleures que des gâteaux.

Bonne conscience et bonnes actions compensent bien des privations, dit Melle Sensée. Je me suis fort divertie en voyant ces pauvres enfants manger les gâteaux et les fruits dont leur mère ne peut jamais les régaler.

Mme Malbert est aussi très satisfaite d'avoir si bien placé ses bienfaits.

— Cette femme, dit-elle aux jeunes filles, vient de vous donner une leçon de réelle dignité. Combien d'autres à sa place se fussent lamentées pour obtenir d'autres dons. Elle comprend ce que doit être la charité. Un secours temporaire pour les gens valides et habituel seulement pour les vieillards, les veuves et les orphelins.

— Oui, dit Geneviève, cela est si vrai qu'Emma est devenue dure aux pauvres parce'que ses parents ont été souvent trompés par ceux qui sollicitaient leur charité. Ainsi, une femme secourue par la mère d'Emma, portait une robe de soie le jour de la communion de sa fille et cette femme a même fait des visites en voiture.

— Ces faits sont regrettables, dit Melle Sensée, ils endurcissent le cœur des riches, et les rendent égoïstes. Tendre la main est pardonnable quand on est dans la détresse, mais mendier pour avoir le superflu c'est s'abaisser bien plus qu'on ne le pense. Aussi faut-il faire la charité avec discernement.

— J'aurais voulu continuer à travailler pour la petite Irène, dit Geneviève.

— Faites-le, ma chère enfant, ce ne sera plus une charité mais un don bien placé que mérite cette bonne mère. Mme Malbert ne l'abandonnera pas non plus.

42. — Les premiers essais dans l'art céramique remontent à une haute antiquité.

Valentine arrive accompagnée de sa bonne qui porte un gros paquet.

La fillette sort de plusieurs enveloppes de papier de jolies corbeilles en faïence artistique.

— Mon père, dit-elle, vient de faire cuire des nouveaux modèles. Ils m'ont paru jolis et j'ai obtenu d'en choisir trois semblables pour vous les offrir.

Les jeunes filles remercient chaleureusement Valentine de son aimable attention et s'intéressent pour la première fois à la fabrique de céramique dont le père de Valentine est le propriétaire. Elles apprennent que ces jolies corbeilles ont passé par bien des mains, qu'il a fallu les mouler, les peindre et enfin, les faire cuire dans d'immenses fours.

— Oui, dit Michel, en allant porter des fleurs de votre part, Melle Geneviève, j'ai visité quelques parties de la fabrique et j'ai été bien surpris de voir que les poteries se font avec de la terre pétrie comme si c'était de la tarte. Je me suis fort amusé en regardant travailler les mouleurs et les tourneurs. En quelques minutes, voilà un pot, une terrine, un plat... J'ai même essayé de pétrir de la terre glaise et de cuire au four du poêle une petite assiette, mais je l'ai retiré en miettes.

— Il faut une terre spéciale, des préparations compliquées et surtout une cuisson portée à une température très élevée, dit Valentine.

— Les peuples anciens n'avaient pas de fours, comme ceux que j'ai vus chez vous, reprend Michel et ils fabriquaient des poteries. Mon parrain m'a emmené au musée où j'ai vu des objets remontant à une haute antiquité.

— Les premiers essais dans l'art céramique,

dit Melle Sensée, ont été faits en Chine, 2600 ans avant l'ère chrétienne.

Les Assyriens, les Egyptiens, les Grecs ont aussi fabriqué de la poterie.

Les Romains eurent un collège de potiers fondé par Numa Pompilius.

L'école italienne produisit, vers le seizième siècle, de merveilleux spécimens de terre cuite vernie, qui furent répandus en France.

Vous connaissez, mes enfants, l'histoire de Bernard de Palissy, qui brûla jusqu'aux meubles de sa famille pour chauffer le four où il faisait cuire des faïences, qui ont à présent une inestimable valeur. Le musée de Rouen possède une collection très remarquable de faïences anciennes parmi lesquelles se trouvent beaucoup d'œuvres dues à Bernard de Palissy.

A présent, la manufacture de Sèvres, fondée en 1774, ne cesse de perfectionner l'art de la céramique. D'autres fabriques ont donné un très grand développement à cette industrie, dont nous pouvons admirer des spécimens très variés à la devanture des magasins. Le prix, relativement peu élevé, de ces jolis objets les met à la portée de toutes les bourses et rien n'est plus beau qu'un vase garni de plantes fraîches. J'ai vu de simples pâquerettes de prairie remplir des corbeilles, et ces corbeilles donnaient un air de gaîté et de fête à la chambre qu'elles ornaient.

Avec du goût et un peu de peine on embellit son intérieur.

— Mademoiselle, dit Geneviève, nous profiterons de vos bons avis et nous allons aussi mettre des plantes persistantes dans les corbeilles que Valentine vient d'apporter.

43. — Rien ne se ressemble dans la nature.

Quel dommage, dit Geneviève, que nous n'ayions pas de mousse pour cacher la terre des petits pots qui garnissent si bien nos corbeilles.

— Attendez, dit Michel, je connais au bout du jardin, à l'ombre, un endroit où poussent de belles mousses, je vais vous les chercher.

Michel court et revient tenant, avec précaution, de grandes plaques vertes qu'il remet à Geneviève.

— Ce n'est pas la mousse dont on se sert habituellement, dit-elle, mais elle est bien jolie. Vois donc, Mathilde, on dirait un buisson en miniature.

— C'est aussi compliqué qu'une grande plante.

— Ces mousses ont de petits chapeaux.

— Mais elles ne produisent ni fleur, ni fruit, n'est ce pas, Mademoiselle ?

— Vous vous trompez, répond Melle Sensée, ces mousses sont en fructification.

— A quelle famille appartiennent les mousses?

— Ce sont des cryptogames. Voyez, ces plantes herbacées élèvent sur une tige en miniature, une petite urne, nommée aussi thèque ou capsule.

— Oui, c'est merveilleux, dit Geneviève, c'est comme une boîte à couvercle.

— C'est cela même, en ce moment de pleine fructification, les petites urnes s'ouvrent comme une boîte à savonnette. Le couvercle se nomme l'opercule et la petite boîte l'amphore.

— Il y a quelque chose dans les amphores, dit Geneviève, dont la vue est exellente.

— Ces amphores renferment un grand nombre de spores très menues rangées autour d'un axe ou columelle.

— Est-ce assez mignon, répète Geneviève, nous chercherons s'il n'y a pas d'autres espèces de mousses, car je suppose que ces cryptogames ont aussi une nombreuse famille ?

— On en compte plus de mille espèces appartenant à un assez grand nombre de genres. Je ne vous fatiguerai pas d'une sèche nomenclature, mais je puis vous renseigner sur la façon de vivre de ces modestes végétaux. Les mousses sont disséminées dans toutes les régions du globe, elles croissent de préférence dans les endroits frais, humides et aérés, dans les grottes, les forêts, sur les faîtes des murs et sur les troncs d'arbres. Elles aiment en général la chaleur, mais la sécheresse les fane.

— Servent-elles à quelque usage, demande Michel, dont les goûts sont pratiques.

— Leurs applications sont très restreintes ; elles servent à orner l'intérieur des cheminées, les vases de fleurs. Dans certains pays, on en fait des matelas et encore on les emploie au calfatage des navires.

— Que c'est donc étrange, dit Michel, on apprend toujours dans un jardin.

— C'est que rien ne se ressemble dans la nature, dit Melle Sensée.

44. — Nous pouvons nous enorgueillir des progrès de notre siècle.

— Comme l'été passe vite, dit Geneviève pensive, j'aime les arbres, les arbustes, les plantes de notre jardin, et depuis que je m'initie à l'existence de cette grande famille qui forme le règne végétal, je l'admire, je l'étudie et je m'effraie de découvrir chaque jour de nouveaux sujets d'étude.

— Vous bénéficiez, dit Melle Sensée, du travail d'un grand nombre de générations. Dans les temps antiques, la fable s'emparait des lois naturelles, les hommes ne sachant rien y comprendre, mettaient en toute chose des bons et des mauvais génies. Ils douaient d'intelligence et de volonté des matières inertes, des animaux rudimentaires ; ils exagéraient les propriétés bonnes et mauvaises des plantes, et n'ayant pas étudié l'homme, ils ne pouvaient comprendre son rôle réel. Lui seul pourtant est capable de tirer parti des êtres grouillant sur terre et de rechercher les lois naturelles qui régissent le monde.

Etudiez les infiniment petits, vous serez émerveillée de la perfection de ces êtres doués de moyens de défense, de locomotion, capables de se garantir des plus grands dangers et traversant les siècles malgré le nombre incommensurable d'ennemis qui en font leur proie. Initiez-vous aux éléments de la cosmographie et de l'astronomie, vous serez encore plus confondus de l'immensité de l'Univers, et du merveilleux mécanisme des systèmes solaires gravitant dans le ciel sans que leur masse formidable dépasse d'une ligne la voie tracée par l'intelligence créatrice, qui a établi des lois dont l'essence même échappe à notre compréhension, mais dont l'étude remplit la vie des plus grands savants et des plus austères penseurs.

— Nous sommes bien petits devant l'infini, dit Geneviève pensive, et cette petitesse m'épouvante.

— Nous sommes au contraire très grands, puisque les savants, les inventeurs, réunissant leurs travaux sont arrivés à suppléer à l'imperfection de nos sens. Notre vue ne va pas au-delà d'une certaine distance, il est vrai, mais les instruments d'optique nous permettent de fouiller le monde sidéral. Les mathématiques, la chimie, nous renseignent sur les matières composant les planètes

Instruments d'optique.

les plus rapprochées de la terre et l'homme de notre époque peut s'enorgueillir des progrès scientifiques dont notre siècle a été prodigue.

45. — Nous ne devons pas tirer vanité de notre intelligence, puisque c'est un don naturel.

Sylvie reçoit souvent la visite d'un de ses oncles, le parrain de Michel. C'est un employé retraité qui emploie ses loisirs à jardiner et à lire. Il a un bon sens remarquable et il témoigne beaucoup d'affection au fils d'Alain, mais il reproche à Sylvie d'être très faible à l'égard de son fils.

— Je crois, dit le brave parrain, que notre petit bonhomme devient orgueilleux, il se vante sans cesse de ce qu'il sait et des succès qu'il obtient. L'intelligence est un don naturel, il n'en faut point tirer vanité. Heureux ceux qui l'ont et en savent profiter, mais plus heureux encore sont ceux dont le cœur est bon et qui augmentent leurs qualités morales.

Michel évite de sortir avec son parrain, dont il connaît l'esprit juste, mais il ne peut toujours refuser de l'accompagner, c'est ainsi qu'il rentre un jeudi les bras chargés d'un gros bouquet.

— D'où viens-tu, Michel, demande Geneviève.

— Mon parrain m'a emmené à St-André, nous avons fait une grande promenade dans les fortifications et j'ai trouvé dans les fossés toutes ces herbes. Je les apporte pour demander à Melle Sensée ce que sont ces plantes-là.

— Je vois des roseaux, dit Geneviève, tu as aussi la fleur blanche nommée reine des prés, mais je ne connais point cette herbe.

— Mon parrain l'appelle, queue de rat ou queue de cheval.

— Ces plantes sont bien étranges, vois donc comme leur tige est rude.

— Ce sont des prêles, dit Melle Sensée, ils font partie de la famille des équisetacées.

— Encore un nom baroque, répond Michel, et point facile à retenir, mais un de temps en temps comme celui-ci peut rester dans la mémoire. Ce n'est pas comme ces cryptogames qui ont des noms bien longs pour de si petites plantes. Des lichens, des mousses, c'est comme les nains de la famille végétale !

— Les prêles sont des cryptogames, dit Melle Sensée.

— Ces grandes plantes-là, si fières et si droites, ont des liens de parenté avec ces autres petites plantes qui végètent sur les murs, les pierres, les troncs d'arbres et les terrains humides ? Je n'aurais jamais supposé cela, dit Geneviève, qui examine plus attentivement les prêles que lui a remis son jeune jardinier.

Et elle reprend, s'adressant à Melle Sensée.

— Pourquoi ce surnom de queue de rat.

— A cause de la rudesse de leur tige et de leurs feuilles.

— C'est, en effet, comme une râpe, dit Michel. Encore des plantes qui ne servent à rien qu'au mal ! Mon parrain m'a dit que cette mauvaise herbe abonde dans les champs humides et s'y étend, au détriment de toute bonne culture; elle est aussi nuisible aux bêtes à cornes.

— Très bien, Michel, tu as su tirer profit de ta promenade et je t'apprendrai en retour que les prêles desséchées servent à polir les métaux.

— C'est bien peu de chose, dit Michel, d'un air dédaigneux.

— Les Romains mangeaient les pousses des prêles et actuellement encore on les sert comme de jeunes asperges en Toscane et aux environs de Rome.

— Les pousses doivent être bien minces.

— Ici elles sont très petites, mais les prêles acquièrent une grande taille dans les pays chauds.

— Sont-ils d'origine aussi ancienne que les autres cryptogames, demande Geneviève ?

— On trouve des fossiles de prêles, ce qui leur donne un acte de naissance suffisamment antique ; mon frère, qui avait une collection de fossiles, avait rapporté des prêles trouvées dans le calcaire grossier des environs de Paris.

46. — Chaque métier donne de la peine et de la satisfaction.

Août est passé, septembre détache quelques feuilles des arbres. Les jours décroissent, mais le temps est superbe et les jeunes filles, qui n'ont point fait de voyages durant leurs vacances, viennent, deux fois la semaine, respirer l'air pur du grand jardin de Mme Malbert et voir leur amie Geneviève. Elles sont plus que jamais unies et heureuses de se retrouver. Elles profitent des enseignements de Melle Sensée et s'intéressent aux travaux de jardinage dont elles ne pouvaient comprendre l'importance avant d'y avoir assisté.

Alain, en ce moment, sème en place les plantes qui fleuriront au printemps prochain, il a reçu des semences qui promettent des fleurs brillantes, et les jeunes amies s'amusent à répandre sur la terre les pavots, adonides, pieds d'alouettes, les bleuets, les coquelicots, les thlaspi, les pensées, les silenès, les calcéolaires, les cinéraires. Alain met aussi en pot des fraisiers destinés a être forcés, et les jeunes filles obtiennent une petite place dans la serre où chacune d'elles mettra quelques plantes. Elles commencent par un pot de fraisier dont elles choisissent un beau plant.

Pensées.

Quand Alain est entouré des jeunes demoiselles, il devient prolixe.

— L'état de jardinier n'est pas celui d'un paresseux, dit-il, les fleurs et certains légumes sont exigeants, il faut les servir à point, ne pas les laisser mourir de soif et encore moins leur donner trop d'eau. Il faut leur prodiguer l'air et les garantir du froid de la nuit. Cette plante-ci veut être semée tôt, cette autre tard, l'une craint le soleil ardent, tandis que d'autres n'en ont jamais trop. Et, quand on a fini dehors, il faut recommencer dans les serres. Ce n'est pas, que je me plaigne d'avoir de l'ouvrage, car j'en voudrais faire plus encore. Mais je veux prouver que chaque métier donne de la peine et de la satisfaction. Je suis surtout très heureux quand je récolte de beaux fruits.

— A propos de fruits, dit Mlle Sensée, vous

cueillerez des pêches et des raisins et vous en ferez trois corbeilles. Chaque jeune fille en rapportera une chez elle.

Pauline, Mathilde et Valentine prient qu'on veuille bien leur laisser cueillir les fruits mûrs, elles apprennent à les reconnaître, et Geneviève veut faire les corbeilles.

Produits de Septembre.

— Ce mois-ci est sans pareil, disent-elles. Quelle abondance de poires, de pommes, de pêches, de raisins, produit septembre !...

— Mme de Sévigné est de votre avis, dit Melle Sensée. Le mois de septembre, écrit-elle à sa fille, ne contrefait ni l'été ni l'hiver, c'est le plus beau mois que vous ayez vu.

47. — On remplit son devoir ou on ne le fait pas, on est honnête ou malhonnête, il n'y a pas de milieu.

— Que ferez-vous des longues caisses que j'ai vu apporter hier, demande Geneviève à Alain. Est-ce pour des semis ?

— Ça, dit Alain, c'est pour la cuisine.

— La cuisine ?

— Entendons-nous, Mademoiselle, ce n'est pas pour faire la cuisine, mais pour l'alimenter. Votre cuisinière est souvent en peine de n'avoir pas de champignons, les marchands de comestibles manquent dans le quartier, et je vais remédier au mal.

— Vous allez planter des champignons ? Michel pousse ma voiture, que je puisse voir cette étrange culture.

— Je vais vous conduire, moi-même, Mademoiselle ; j'établirai mes caisses dans une dépendance de l'écurie, touchant aussi à la serre, et bénéficiant de la chaleur.

— Et vous pensez que les champignons pousseront.

— Assurément, je mettrai votre voiture contre l'entrée de ce sombre réduit, mais je crains que cela ne vous intéresse guère.

— Si, si, dit Geneviève, je suis toujours très contente de m'instruire.

Alain explique qu'il a déjà rempli ses caisses de bouse de vache bien sèche, mêlée de fine terre. Il y a ajouté du salpêtre, ou sel de nitre, et maintenant il étale le blanc de champignons sans trop le briser, il recouvre le tout d'une nouvelle couche de terre et, enfin, met une chemise de paille.

Melle Sensée, en peine de son élève, la rejoint et félicite Alain de sa bonne idée.

— Mademoiselle, demande la fillette, quelle plante est-ce donc que le champignon ?

— Les champignons sont des végétaux cryptogames. Michel, va voir à la cuisine, s'il en reste, tu m'en apporteras.

Michel revient, tout courant, tenant un grand champignon, qui ressemble à un parasol, couvert de velours d'un blanc gris et doublé de feuillets noirs.

— Je les mange volontiers, dit Geneviève, mais je voudrais connaître leur nature et leur classification.

— Ils font partie d'une nombreuse famille, où se rencontrent les meilleures qualités et les plus affreux défauts.

— Comment cela se peut-il ?

— Les bons champignons contiennent beaucoup d'azote, sont nourrissants mais très indigestes. Il y a des contrées où ils poussent abondamment, et ils servent à l'alimentation des habitants.

— Ce champignon est fort joli, mais dites-moi ce qu'est cette couleur brune qui tâche le mouchoir dont je me suis essuyé les doigts.

— Cette couleur brune qui garnit les feuillets du champignon, est composée de corpuscules nommés spores qui reproduisent le cryptogame comme feraient des graines. Le champignon se compose d'un pied ou pédicule, et d'un chapeau d'où s'épanchent les spores.

— Vous croyez que nous aurons sur ces caisses assez de champignons pour les besoins du ménage ?

— Ils sont dans les meilleures conditions pour se développer. Ils trouveront une température élevée, jointe à l'humidité à l'obscurité et vous aurez de belles récoltes.

— N'y a-t-il pas de danger d'être empoisonné.

— Vous n'avez rien à craindre. Dans ce pays, nous n'usons que des champignons de couches pour donner de la saveur à un plat ou pour entourer certaines viandes, mais dans les endroits où ils abondent, ils rendent de grands services.

— Pourtant il ne se passe guère d'années sans qu'on entende parler d'affreux accidents causés par ce comestible.

— Oui, parce que les gens habitués à récolter les champignons, se départissent à la longue de toute prudence, et ramassent dans leur récolte un ou deux champignons vénéneux qui suffisent pour causer la mort de plusieurs personnes.

— Je préférerais ne jamais y toucher plutôt que de risquer de m'empoisonner, dit Michel.

— Tu aurais tort, en la vie tout doit être soumis à un continuel contrôle, et connaissant les moyens de nous garer d'un danger, nous n'avons plus qu'à veiller à notre sécurité. Vois-tu, Michel, il en est de même dans le monde où il y a toute sorte d'individus : des bons et des mauvais, comme dans les champignons, et il est tout aussi dangereux de laisser empoisonner son esprit par de mauvais exemples et de mauvais conseils, que d'empoisonner son corps avec des substances vénéneuses.

— Mais, Mademoiselle, on ne change pas ainsi subitement parce qu'on a un mauvais ami ?

— Le mal s'infiltre en nous comme un lent poison et mieux vaut la mort du corps que l'avilissement de l'esprit, car il n'y a pas de milieu, mon enfant ; on remplit son devoir ou on ne le fait pas, on est honnête ou malhonnête homme, et celui qui descend ne peut jamais prévoir jusqu'à quel degré du mal il tombera. Il est un vieux proverbe bien vrai : C'est le premier pas qui coûte, ne faisons donc jamais ce premier pas dans un mauvais chemin.

Mais où m'entraîne cet innocent champignon ? Il sert à une leçon de morale au lieu de roussir dans le beurre, et puisqu'il a eu si noble emploi, nous dirons à Alain de répandre ses feuillets sur la couche qu'il vient de préparer.

48. — N'affirmez rien que vous ne sachiez bien.

Michel et Alain travaillent au jardin. Ils viennent d'arroser les couches de champignons et

Michel raconte à son père qu'on cultive les bolets dans les carrières de Lezennes, et qu'un de ses camarades a failli se perdre dans les souterrains qui s'étendent au-delà du village.

— Il a eu une peur affreuse, dit Michel. Il est resté une heure sans savoir où il était, heureusement que son grand-père l'avait vu descendre dans les carrières et qu'il est allé à sa recherche.

— J'ai ouï-dire, répond Alain, qu'un restaurateur qui faisait exploiter en grand ces champignonnières, est resté trois ou quatre jours dans ces carrières et qu'il a failli y mourir de faim. Les soldats du génie ont été envoyés à sa recherche et après bien des peines, le maheureux homme fut retrouvé presque mort de faim.

— Trois jours ! Je serais mort de peur, dit Michel, mais ce Monsieur n'était guère malin, pour ne pas avoir pris ses précautions. Il devait s'attacher une ficelle au bras ou bien faire des marques pour reconnaître sa route.

— Tout cela se dit après coup, Michel. Cette culture des champignons et des salades de chicorée, nommée aussi barbe de capucins, est une ressource pour bien des petits ménages de Lezennes. C'est un rapport régulier qui ne demande pas une forte mise de fonds.

— Les bolets sont très bons, crus ; j'en ai goûté, ils ont un goût d'amande.

— Il y a plusieurs sortes de bolets, Michel.

— Non, père. Melle Sensée a parlé du bolet comestible et non pas des bolets et Melle Sensée est très forte en botanique ; elle a une mémoire extraordinaire.

— Allons, Michel, apaise-toi, je ne doute pas de la science de Melle Sensée, mais je soutiens qu'il y a beaucoup d'espèces de bolets.

— Je soutiens que non, père, j'ai regardé toutes les devantures de magasins où l'on vend des champignons et c'est toujours le même.

— Cela ne veut pas dire qu'il n'y en ait pas d'autres.

— Puisque je le sais, fait Michel, en se retournant au bruit d'un éclat de rire. Melle Sensée et Geneviève ont entendu la discussion.

— Il y a plus de vingt espèces de bolets, mon petit Michel, dit Melle Sensée, cela t'apprendra à ne rien affirmer à la légère.

— Ce sont de vrais bolets ? demande Michel, fort vexé d'être pris en faute, car il sait qu'il n'est point poli de donner des démentis à ses parents.

— Oui, mon enfant, et je vais t'en nommer quelques-uns.

Commençons par le meilleur, le bolet comestible, dont les noms vulgaires, sont : ceps, cèpe, gyrale ou gyroule, parchin, potiron, etc. Ce bolet vient à terre, dans tous les bois, depuis juillet, jusqu'à la fin de septembre, il est d'un fréquent usage comme aliment et comme assaisonnement.

Bolets.

Le bolet ongulé est employé dans les arts à la préparation de l'amadou.

Le bolet obtus qui sert aux paysans pour conserver et transporter le feu.

Le bolet de Sologne, dont on fait aussi de l'amadou.

Le bolet subéreux, dont les Suédois font des bouchons.

Le bolet odorant qui a été employé en médecine.

Le bolet du mélèze. Les habitants des Alpes s'en servent en guise de noix de galle pour teindre la soie en noir.

Le bolet sulfurin sert à teindre en jaune ; le bolet blanc.... Mais j'en ai dit assez pour prouver qu'Alain avait raison.

— Est-ce tout ce que vous savez sur les champignons, demande Geneviève ?

— Je sais, ma chère enfant, que les champignons doivent êtres mangés frais ; ils se décomposent très vite et deviennent alors nuisibles. Il ne faut pas non plus les prendre trop mûrs. Tous les champignons vénéneux sont mauvais au goût, les goûter crus est un moyen certain de reconnaître leur qualité. A la cuisson, ce goût se perd.

Il y a encore un grand nombre de champignons comestibles. Les clavaires, nommés barbe de chèvre, barbe de bouc, pied de coq, etc... L'hydne qu'on mange en Italie, l'oronge, la chanterelle, les morilles, l'agaric, mousseron et bien d'autres encore, mais pour aujourd'hui nous laisserons ces cryptogames.

49. — Un bon livre est une société dont on ne se lasse pas.

Les jours pluvieux sont fréquents. Les jeunes filles parlent de la rentrée des classes; elles se promettent de travailler beaucoup, et Michel, surtout, qui passera l'année suivante ses examens pour le certificat d'études, tient à sortir avec honneur de l'épreuve à laquelle il se prépare.

Geneviève, hélas! n'a aucune de ces joies à attendre, et ses parents, craignant la solitude et un peu d'ennui après tant de distractions, viennent de lui offrir une collection de beaux et bons livres. Ce jeudi-là, Geneviève boude, contre son habitude, Melle Sensée lui a permis de regarder tous les volumes, d'en admirer les gravures; mais elle prétend reprendre ces richesses et ne les rendre qu'en partie, c'est-à-dire un seul volume à la fois, et pendant une ou deux heures par jour, pas davantage.

Les trois amies, en arrivant, poussent des cris d'admiration, mais Geneviève leur dit la cause de sa mauvaise humeur, et accuse Melle Sensée d'être trop autoritaire.

— N'est-il pas désagréable, dit Geneviève, d'avoir auprès de moi une personne qui veut toujours avoir raison, et qui me force à laisser un livre au moment où le récit m'intéresse davantage ?

— Je ne me serais jamais douté que Melle Sensée fut si contrariante, dit Mathilde.

— Lis quand même, dit Pauline, la lecture est un plaisir qu'on ne doit pas entraver. Les heures de récréation appartiennent aux élèves et non aux professeurs.

— Melle Sensée m'enlèvera mon livre.

— Cache-le, dit Valentine.

La bise souffle, et c'est peut-être ce qui rend ces fillettes indisciplinées.

Pauline raconte que son frère, un lycéen, sait très bien lire une histoire au lieu d'étudier ses leçons.

— Il se fait alors punir ?

— Oui, quelquefois.

Mathilde tient surtout à être rassurée sur le sort de ses héros.

Les livres sont examinés plus attentivement.

Voici plusieurs ouvrages de Jules Verne, dont *Michel Strogoff*, puis *Maroussia*, avec de jolies illustrations, un volume du *Magasin d'éducation et de récréation*.

— J'ai un abonnement à ce journal, dit Pauline, mon frère reçoit le journal de la *Jeunesse*, et une de mes parentes a aussi *St-Nicolas*.

— Je vous prêterai les livres que vous n'avez pas lus, dit Geneviève.

Melle Sensée rentre en ce moment dans la salle d'étude, et travaille en laissant les jeunes filles tout à leur conversation. Elles rient aux éclats de l'histoire de Melle Lilie et de M. Jujules.

— Enfin, la lecture est encore la meilleure de toutes les distractions, concluent les fillettes.

— Je ne me lasse pas de lire, dit Mathilde.

— Je préfère un livre à tout, ajoute Pauline.

— Je remarque, mes enfants, dit Melle Sensée, que vous répétez cela bien souvent, mais en ce moment vous êtes dans le vrai, un bon livre est la meilleure société que l'on puisse avoir. Connaissez-vous un de ces ouvrages ?

50. — La lecture est l'aliment de l'esprit.

— J'ai lu et relu la *Roche aux Mouettes*, dit Mathilde.

— Moi aussi et avec tant de plaisir, ajoute Pauline.

— Racontez-moi donc cette histoire ?

— Il y avait une fois une dame et un monsieur qui avaient un petit garçon qui se nommait Marc. Ils étaient aux bains de mer; non, dans un village de pêcheurs, et là il est arrivé une affaire, un événement !... Marc et tous les enfants ont fait naufrage, parce que..... et puis il y avait Biblia, et puis Legoff, et puis Macabiou, Mascaret, enfin......

— Tu t'embrouilles, souffle Mathilde, il y a aussi Pornichet, un drôle de nom, et puis l'histoire du grand oncle de Macabiou et celle de Thomas Legoff, qui devint roi d'une île de l'Océanie.

— Mais, nous ne comprenons rien, s'écrient Geneviève et Valentine.

— C'est pourtant bien joli, parfois très gai à vous faire mourir de rire, et puis après, on a envie de pleurer, n'est-ce pas, Mathilde ?

— Certainement.

— Eh bien, raconte, tu as relu plusieurs fois ce livre, tu l'expliqueras mieux.

Les deux inséparables recommencent la narration, sans plus de succès, et renvoient l'auditoire au volume, richement relié, qu'examine encore Geneviève.

— Mes enfants, dit Melle Sensée, vous lisez mal, c'est pourquoi vous narrez sans clarté.

Les jeunes filles n'osent pas répondre, mais elles se regardent avec de drôles de petites moues et d'imperceptibles mouvements de tête qui signifient.

— Melle Sensée, aujourd'hui, n'a pas le sens commun.

La bonne fille, penchée sur son ouvrage, a vu l'hostilité des regards et du geste, elle reprend :

— Quand vous êtes à table, vos parents vous laissent-ils prendre à tort et à travers de tous les plats ; du dessert, de la viande, des légumes, selon votre caprice ?

— Non, Mademoiselle, nos mères nous servent, nous devons manger de tout ce qui paraît à table et nous n'avons le dessert qu'à condition de ne laisser sur notre assiette ni viande ni légume.

— Et pourquoi, vous empêche-t-on de vous nourrir exclusivement de gâteaux, tandis que vous les préférez à tout autre aliment ?

— Parce que cela nous ferait mal.

— On vous rationne donc le superflu ?

— C'est pour notre bien.

— Je sais, dit Mathilde, que l'abus des bonbons a des inconvénients, Pauline et moi, en avons trop mangé, — il y a déjà longtemps, nous étions petites alors — et nous avons eu fort mal à l'estomac, maman a dit que cela nous apprendrait à être plus discrètes dans l'avenir et à savoir nous contenir devant les bonnes choses.

— Avant de manger, n'aimez-vous pas connaître la nature du mets que vous portez à la bouche ?

— Manger en aveugle, jamais, dit Pauline, on pourrait avoir de vilaines surprises.

— Et, une fois dans l'estomac, on doit y laisser les aliments, même mauvais, à moins de les faire sortir de force.

— Pouah ! ça fait trop de mal, et c'est trop laid. J'ai déjà pris de l'émétique.

— Eh bien, mes enfants, Geneviève me boude parce que je mesure ses lectures.

— Mais ce n'est pas comparable, on ne saurait être indisposé pour avoir trop lu.

— La lecture est l'aliment de l'esprit, c'est pourquoi il faut la choisir et la modérer.

En ce moment, Michel arrive et il admire aussi les magnifiques volumes de Geneviève.

51. — Le cerveau est comme un livre aux pages blanches où tout s'inscrit d'une encre indélébile.

Les jeunes filles ne sont pas convaincues aujourd'hui de la sagesse de Melle Sensée, et comme Pauline raisonne volontiers, elle reprend bientôt le sujet un instant abandonné.

— Mademoiselle, l'esprit n'est pas comme l'estomac, il ne saurait avoir de trop plein ?

— Pardon, le cerveau est le siège de l'intelligence. Il est bien autrement délicat que tous les autres organes du corps humain.

Ce qu'on y met dans l'enfance, n'en sort plus guère, c'est un livre aux pages blanches où tout peut s'inscrire d'une encre indélébile. Si on le couvre de mauvais ou inutiles écrits, c'est autant de place perdue pour les bons.

Ce n'est pas votre cas : vous êtes guidées par des parents éclairés et soigneux, qui ne laisseront point approcher de vos oreilles un mot douteux, ni de vos yeux un mauvais livre, mais, il faut encore que vos lectures soient profitables, et pour cela, vous devez vous habituer à juger un livre et vous n'y arriverez qu'en gardant votre imagination des indigestions.

— Une indigestion de lecture, s'écrient les fillettes, en riant aux éclats, jamais nous ne croirons à cela, et toi, Michel.

— Je ne suis pas plus crédule que vous, dit Michel, et je prétends qu'on ne saurait avoir l'indigestion d'une chose qu'on ne boit ni ne mange.

— Au sens vrai du mot, non, Michel, tu n'auras pas d'indigestion, dit Melle Sensée. Mais Pauline a lu beaucoup, trop peut-être, et elle embrouille ses récits. Elle a lu tant et si vite, que tout cela s'est entassé sur le grand livre blanc, sans grand profit pour la lectrice.

— Regardez-vous habituellement le nom de l'auteur de vos livres préférés, continue Melle Sensée.

— Non, Mademoiselle.

— C'est la première chose à faire. Qui a écrit la *Roche aux Mouettes* ?

— Jules Sandeau, dit Michel, en prenant le livre.

— Qu'est-ce que Jules Sandeau ?

— Les fillettes se regardent et restent muettes.

— C'est un romancier, né en 1811 ; il a fait de nombreux romans, remarquables par leur style et leur moralité. Je vous citerai surtout : *Un Héritage, Sacs et Parchemins* ; il a aussi donné au théâtre de très jolies comédies dont les meilleures sont : *Mlle de la Seiglière* et le *Gendre de M. Poirier*, qui eurent un grand succès et que l'on voit encore aujourd'hui avec plaisir. Eh bien ! mes enfants, quand un auteur de cette valeur écrit pour les enfants, il fait souvent un chef-d'œuvre, c'est ce qui est arrivé pour la *Roche aux Mouettes*. Nous avons pris cet auteur entre beaucoup d'autres et je vous en dis quelques mots, parce qu'il subit la loi générale et que son souvenir diminue en même temps que disparaissent ceux qui vécurent à son époque. Je vous ferai encore remarquer que ce livre, tant admiré de Pauline et de Mathilde, a été couronné par l'Académie, ce qui est la plus haute marque de distinction, la plus grande récompense dévolue à un auteur.

— Prenez le *Magasin d'éducation et de récréation*.

— Voilà, Mademoiselle.

— Par qui est-il rédigé ?

— Il y a beaucoup d'auteurs et en tête je vois Jean Macé, P.-J. Stahl, Jules Verne, avec la collaboration des plus célèbres écrivains et savants.

— Et l'éditeur ?

— Hetzel et Cie.

Tous ces noms sont à retenir. Depuis quelques années, on s'occupe spécialement des enfants. Des hommes de grand talent ne dédaignent pas de mettre à la portée des jeunes intelligences leurs travaux scientifiques ou leurs enseignements moraux ; mais vous ne sauriez vous imaginer ce qu'il faut de temps, de travail et d'argent pour produire les beaux volumes illustrés étalés sur cette table. Profitez donc, le mieux possible, de ces bonnes choses et accoutumez-vous à comprendre ce que vous lisez. Faites une courte lecture, méditez-la en vous occupant des travaux à l'aiguille qui absorbent rarement l'esprit.

— Mais les garçons ne cousent pas, Mademoiselle, ils ne peuvent méditer leur lecture ?

— Les garçons se promènent et peuvent s'entretenir avec leurs parents, leurs sœurs ou leurs amis de ce qu'ils ont lu. Chacun y trouvera son profit, et souvenez-vous aussi qu'il y a de l'ingratitude à ignorer le nom de l'auteur dont on a lu l'ouvrage avec plaisir.

52. — Les fougères sont des cryptogames.

Les jeunes filles, voyant apparaître un rayon de soleil, demandent la permission de se promener.

Le jardin de Geneviève est encore beau. Les dalhias remplacent les roses. Les immortelles, les œillets, les mauves, les fuchsias ne cessent de fleurir. Geneviève fait de gros bouquets, mais le lourd feuillage du dalhia les encadre mal, et Michel apporte des feuilles de fougères finement découpées.

Mauves.

— Mademoiselle, dit Geneviève à son institutrice, je n'ai jamais vu de fougères en fleurs. Est-ce à cause du climat qui est défavorable à la floraison de cette plante ?

— La fougère n'a que son délicat feuillage, elle est un cryptogame et ne fournit de fleurs en aucun lieu, en aucun temps.

— Cette plante élégante, si légère et si jolie, serait-elle parente du lourd champignon et du sombre lichen ?... Je ne me serais jamais douté que les savants aient eu l'idée de la reléguer en pareille société.

— Les caractères de la fougère sont nettement tranchés. La même place leur est assignée dans toutes les classifications, elles tiennent la tête des cryptogames.

Les fougères qu'Alain vous a cueillies, sont en fructification. Voyez, sur l'envers des feuilles, les points bruns, disposés en lignes régulières, ce sont les fruits. Les feuilles des fougères sont roulées en crosse avant leur développement, qui est très rapide.

— Mademoiselle, dit Mathilde, mon frère a rapporté dernièrement un long morceau de charbon sur lequel est empreinte une feuille de fougères. Sont-ce des plantes pareilles à celles-ci et comment se sont-elles transformées en noir charbon ?

— Les fougères ont existé dès la première apparition des végétaux sur le globe. On peut dire que leur origine se perd dans la nuit des temps, elles ont subi les secousses violentes, les convulsions de la couche terrestre et ont été englouties comme tout le monde végétal et animal qui couvrait la terre à cette époque où l'homme n'existait pas. Les fougères sont devenues fossiles, comme les animaux antédiluviens et les coquillages. Les bassins houillers de l'Europe ont au moins fourni deux cents espèces de fougères, représentées, pour la plupart, par des empreintes de feuilles et par des tiges arborescentes.

Le nombre des espèces fossiles dépasse trois cents.

— Les fougères devaient être énormes pour avoir des tiges arborescentes ?

— Elles ont dû, en effet, avoir des dimensions colossales, car à présent encore, les fougères en arbre peuvent arriver à vingt mètres de hauteur, mais pour atteindre une pareille taille il leur faut un climat très chaud et une température spéciale.

La fougère a acquis son plus grand développement dans la période houillère.

— Le nombre de nos espèces a-t-il diminué de nos jours, demande Geneviève ?

On compte aujourd'hui trois mille espèces de fougères très abondantes, très variées sous l'équateur et diminuant sous les pôles. Vous jugez, mes enfants, quelle collection superbe ferait un botaniste s'attachant seulement à cette famille.

— Mais ces fougères ne sont d'aucune utilité, dit Michel, d'un air dédaigneux, et pour les plantes inutiles, je n'en fais pas grand cas.

— Tu te hâtes encore trop, Michel, de juger cette plante. Dans certains pays, où les fougères abondent, elles servent à remplir les paillasses d'enfant, et on prétend qu'elles sont plus saines que toute autre matière. D'autres fougères renferment de la fécule et servent dans les régions chaudes à la nourriture de l'homme; les animaux domestiques les mangent volontiers.

La fougère mâle était autrefois employée comme apéritive; aujourd'hui on l'emploie contre le tænia.

53. — Les cryptogames sont divisés en deux grandes classes représentant plusieurs familles.

— Mademoiselle, dit Mathilde, en rentrant dans la salle d'étude, vous nous parlez souvent des cryptogames, mais nous ignorons encore leur classification ; sont-ils d'une seule famille et si proches parents qu'on les ait tous réunis ?

— Cette question m'a déjà préoccupée, dit Valentine.

— Je pense qu'ils sont tous de la même classe, dit Michel.

— Pourquoi penses-tu cela, Michel ?

— Parce qu'on parle des cryptogames en général et qu'ils doivent être comme les graminées.

— Les graminées, dit Melle Sensée, font partie des monocotylédones et n'ont rien de commun avec les lichens et les champignons.

Les cryptogames sont divisés en deux grandes classes, représentant plusieurs familles.

— Comment peut-on reconnaître ces classes, demande Michel.

— Les cryptogames foliacés sont caractérisés par la présence de vaisseaux dans leurs tissus, ils sont connus sous les noms d'acrogènes, aerorhizes, oethéogames.

— Grâce, grâce !... Quels noms barbares, effrayants pour la mémoire.

— Ils sont divisés en plusieurs familles; les fougères équisetacées, lycopodiacées, marsilléacées, characées, mousses, hépatiques.

— Ceci se comprend déjà mieux, dit Geneviève. Il me semble que c'est la famille des plantes élégantes, au feuillage délicat, délié, car vous ne m'avez nommé ni les gros champignons, ni les lichens.

— En effet, la seconde classe des cryptogames aphylles, constituée exclusivement par du tissu cellulaire, renferme trois familles : les lichens, les champignons et les algues. Certains auteurs même regardent les champignons et les algues comme formant de véritables classes.

— J'avais donc raison, dit Geneviève, de séparer ces jolies fougères de ces lourdauds champignons et des lichens parasites. Nous retiendrons facilement cela, et quand je pourrai marcher et entrer dans les serres du jardin botanique, je vous prierai, Mademoiselle, de me montrer les représentants de ces familles, de ces genres et de leurs variétés.

— J'en ai le désir depuis longtemps, mes chères enfants. L'année prochaine, nous reprendrons au printemps cette attrayante étude de la cryptogamie. A présent, les vacances touchent à leur fin, l'hiver rendra les visites plus difficiles, et ma chère Geneviève travaillera aussi certaines études un peu négligées pendant cet été, passé en grande partie au jardin.

54. — Défiez-vous de la médisance et de la calomnie.

La séparation est plus complète encore que ne le pensait Melle Sensée ; les parents de Mathilde, déménagent, et vont habiter un quartier éloigné de la rue de la Louvière. Valentine entre en pension entière, et Pauline retourne en demi-pension. Adieu les causeries du jeudi, les rires sans cause. Les premières semaines paraissent bien longues à la pauvre malade. Aussi sa mère provoque pour la Sainte-Catherine, une réunion à laquelle aucune des fillettes ne veut manquer.

Elles arrivent tôt, apportant les cadeaux qu'il est d'usage d'offrir aux jeunes filles à l'occasion de cette fête.

Emma a reçu des bijoux, elle les étale complaisamment et insiste sur leur valeur.

Valentine a une boîte de couleurs, Pauline et Mathilde ont chacune un très joli nécessaire à ouvrage.

7˙

Les fillettes bavardent à qui mieux mieux, elles ont tant de choses à se dire ; les histoires de la pension, les petits événements de la famille où les grands frères jouent le principal rôle ; ceux-ci sont généralement taquins, moqueurs, mais au fond très bons, et leurs sœurs s'ennuient fort quand ces jeunes Messieurs sont absents.

Geneviève a été comblée de cadeaux ; son père et sa mère lui ont donné un secrétaire en marqueterie, d'un travail artistique, une table à ouvrage et une bibliothèque. Melle Sensée a offert à son élève des jardinières pour garnir les fenêtres.

Geneviève est enrhumée, elle ne peut s'exposer à l'air froid. Elle prie ses amies d'aller choisir dans les serres les plantes, dont elle remplira les jardinières.

— J'aime la vie, dit Geneviève, je veux voir sur mes fenêtres pousser des fleurs, dont j'attendrai l'éclosion. Faites choix des plantes qui me donneront bientôt un abondant feuillage et surtout des fleurs.

Les fillettes n'ont guère l'embarras du choix. Elles prennent des chrysanthèmes et des primevères en boutons. Michel porte les fleurs et les eunes filles font le tour du grand jardin pour prendre l'air, et aussi pour donner à Geneviève des nouvelles de ses domaines, délaissés durant l'hiver.

Le temps est sec, et elles s'attardent à cette promenade. Geneviève leur a promis de lire en leur absence.

Emma est très aimable, et répète, avec insistance, en parlant de Geneviève :

— Elle est si malheureuse, si malheureuse !

— Ne jamais courir, sauter, ni se promener, c'est en effet bien triste, dit Pauline.

— Si ce n'était que cela, soupire Emma.

— Y a-t-il autre chose, demande Valentine.

— Certainement. mais c'est si triste, si triste, que je ne sais, si je dois !...

— Ses parents seraient-ils ruinés, demande Mathilde ?

— C'est encore pire !

— Les trois fillettes s'arrêtent suffoquées !

Comment, leur chère Geneviève est malheureuse ou menacée d'un grand malheur ! Elles veulent tout savoir, elles ne répéteront rien et ne peuvent rester dans l'inquiétude où les met cette mauvaise nouvelle et puis ce n'est peut-être pas si grave.

— Si, si, fait Emma, en baissant la tête, mais je m'exposerais à des ennuis, en vous disant une pareille chose.

— Geneviève connaît-elle ce malheur, demande Pauline ?

— Elle le sait, mais n'en fait rien paraître, c'est si affreux.

— Enfin, s'écrie Pauline se campant devant Emma, je n'aime pas les réticences, moi, et si tu parles comme un sphinx, je vais demander à Melle Sensée, le mot de l'énigme.

— Vous me jurez de ne rien dire ?

— Nous le jurons, répétèrent trois voix à l'unisson, tandis que les yeux s'ouvraient tout grands et que le petit cercle se rétrécissait.

— Voilà la chose telle qu'elle est : Mme Malbert n'aime pas Geneviève !...

— Je ne crois pas cela !

— C'est impossible !

— Tu plaisantes !

— Hier encore ma gouvernante le disait en plaignant votre pauvre amie.

— Enfin que fait Mme Malbert à sa fille, elle ne la bat pas ?

— Elle l'abandonne tout le temps.

— Tu es sûre de ce que tu dis ?

— Nous demeurons dans la même rue et ma gouvernante voit passer vers deux heures la voiture dans laquelle se trouve Mme Malbert, et savez-vous à quelle heure rentre cette mauvaise mère, à onze heures du soir !... quelquefois à minuit !... elle sort encore parfois dans la matinée !... Vous voyez bien qu'elle n'aime guère sa fille !...

— Nous n'aurions jamais supposé cela. Mais

elle ne martyrise pas Geneviève, elle ne la prive de rien ?

— On ne peut pas savoir; Geneviève est trop bonne pour accuser sa mère !

55. — Faisons à autrui ce que nous voudrions qu'on nous fît.

— Quelle étrange mine vous faites, s'écrie Geneviève, en voyant rentrer ses amies, avez-vous eu froid en sortant des serres, venez vite vous chauffer, il y a un bon feu.

Foyer.

— Oui, oui, c'est cela, disent Mathilde, Pauline et Valentine, en couvrant de baisers le pâle visage de leur amie.

Elles parlent encore, mais avec une préoccupation évidente et des réticences qui intriguent Geneviève. La jeune malade veut distraire ses amies de leur préoccupation et raconte que depuis quelque temps elle ne voit presque plus sa mère, et que cela l'attriste pourtant.

Des regards de commisération s'échangent entre les fillettes qui jugent Mme Malbert comme une espèce de monstre qui pourrait un jour faire cruellement souffrir sa fille. Elles pensent que Geneviève est malade à la suite de mauvais traitements. Elles jouent sans aucun entrain et sont satisfaites de voir s'écouler la journée, elles désirent se communiquer leurs impressions et sortir de cette maison où une mère bat peut-être son enfant malade.

Melle Sensée rentre dans la salle d'étude vers cinq heures.

— Mes enfants, dit-elle, j'ai fait prévenir vos parents je vous reconduirai ce soir en voiture, et Geneviève ainsi jouira complètement de cette bonne journée. Mme Malbert rentrera seulement vers minuit; aussi, la maison est-elle un peu triste pour notre jeune malade.

— Les fillettes lèvent le nez et Emma fait des signes qui signifient : « Avais-je raison ? »

— Pauvre maman, dit Geneviève, elle se rendra malade.

— Elle est en soirée, demande Emma ?

— A cette heure-ci ?... Elle soigne sa vieille tante, une tante qui l'a élevée et qui est fort bonne. Maman dit qu'elle remplit un devoir en la quittant le moins possible, mais c'est bien fatigant !

— Et le matin, dit Emma, qui ne veut pas démordre de ses soupçons, elle va aussi chez sa tante ?

— Non, elle visite des pauvres, répond

Mᵉˡˡᵉ Sensée, car Mme Malbert est la bonté personnifiée et quand il y a dans le voisinage une grande misère, une profonde souffrance, elle y apporte le plus prompt remède, le plus grand adoucissement. Je la blâme parfois de se surmener ainsi, mais elle me répond : Faisons à autrui ce que nous voudrions qu'on nous fît. Si ma Geneviève souffrait de la misère, ne serais-je pas bienheureuse qu'on vînt la secourir ?

Melle Sensée regarde Emma en parlant et Valentine pousse Pauline en disant à voix basse :

— Je crois qu'elle a tout entendu ; j'ai vu comme un bout de robe qui disparaissait dans une allée. C'est extraordinaire, elle sait tout, voit tout, cette demoiselle Sensée.

— Je suis bien soulagée, murmure Pauline, une mère qui n'aime pas sa fille, c'est pis qu'un monstre, c'est moins qu'un animal !...

— Que maman est bonne, disait Geneviève, comme je suis heureuse d'avoir mes amies toute la soirée !

— Tu vois, Pauline, dit Mathilde en tirant son amie dans un coin, il faut se défier des mauvaises langues. Cette Emma doit avoir peu de cœur, puisqu'elle pense que les autres n'en ont pas.

— Je me pardonnerai difficilement d'avoir cru à cette calomnie, répond Pauline. Nous devions défendre Mme Malbert au lieu d'écouter les accusations mensongères d'Emma.

56. — Le besoin de trouver des défauts aux autres est un signe d'orgueil.

Geneviève retombe dans sa solitude, qu'Emma seule vient distraire, et pourtant elle ne souhaite pas ses visites comme celles de l'aimable trio qui tout l'été vint réjouir la maison de sa franche gaîté.

— Mademoiselle, dit un soir Geneviève à son institutrice, le temps me semble plus long quand Emma est ici, quoiqu'elle parle beaucoup, cherche à me distraire et je ne comprends rien à l'impression de lassitude causée par sa présence.

— Aviez-vous les mêmes sentiments à l'égard de vos autres amies ?

— Au contraire, le temps avec elles me semblait trop court et je comptais les jours me séparant de leurs visites.

— Cela vient de ce que vos amies sont bienveillantes et qu'elles reçoivent une bonne éducation ; je n'en saurais dire autant d'Emma qui parle beaucoup, mais qui critique comme si une enfant de son âge avait assez de raison pour s'ériger en juge. Le besoin de trouver des défauts chez autrui est un signe d'orgueil. Emma s'imagine être au-dessus des personnes qu'elle fréquente, par les défauts qu'elle leur prête. Elle se croit supérieure à tout le monde et ne cherche pas à s'élever par le travail et les qualités morales.

Votre mère m'a déjà consultée au sujet de cette liaison et me conseillait d'éloigner Emma d'ici, mais je l'ai priée de vous laisser juger de la valeur morale de cette jeune fille. Vous avez compris qu'Emma n'est pas l'amie qu'il vous faut. Qu'elle reste pour vous une société, un sujet de distraction, mais rien de plus, gardez votre amitié, votre confiance, pour celles qui méritent votre estime et dont l'exemple ne peut vous nuire.

— Il faudrait donc chercher des amies parfaites ?

— Non, il n'en existe pas, mais vous pouvez, vous devez rejeter celles qui ont de grands défauts, qui manquent de cœur, de sentiments généreux et vous éviterez ainsi d'amères déceptions.

Geneviève est attristée de constater qu'il y a au monde des cœurs secs, et s'attache d'autant plus à Michel, qui ne manque aucune occasion d'être agréable à tous les membres de la famille Malbert et qui continue à satisfaire ses professeurs et ses parents.

Un jeudi, Michel raconte à Geneviève qu'il s'est disputé avec un grand élève.

— Je n'aime pas que l'on se moque de moi, dit le jeune jardinier et qu'on veuille me faire prendre des vessies pour des lanternes.

— Tu es donc infaillible, Michel, demande Melle Sensée.

— Non, Mademoiselle, mais Jacques, un grand élève, dont le père fait de la botanique, a voulu me soutenir que l'herbe de la trinité est un cryptogame ! Je lui ai répondu comme il le méritait. Je lui ai dit que vous en saviez plus que lui et que jamais vous ne nous aviez parlé de cette plante-là, dont il y a des touffes au jardin.

— Ce sont ces plantes, dont les fleurs ressemblent à des anémones, demande Geneviève ?

— Oui, mon enfant, ces plantes herbacées, vivaces, portent une fleur unique à l'extrémité d'une tige et j'ai le regret de te donner tort, Michel. L'herbe de la trinité est l'hépatique que je vous ai déjà cité.

Michel, très rouge, très vexé, cherche à se justifier et trouve, qu'il est ridicule d'avoir ainsi classé cette plante.

— Voilà Michel qui va attaquer les savants botanistes, dit Geneviève.

— Jacques va rire de moi, soupire Michel.

Melle Sensée reprend :

— Puisque tu parles des hépatiques, je compléterai cette leçon élémentaire. Cette famille comprend de petites espèces herbacées, rampantes, terrestres ou parasites, et elle est intermédiaire entre les lichens et les mousses.

Trois ou quatre espèces croissent dans les montagnes de l'Europe et de l'Amérique du Nord.

57. — Les bons sentiments en font naître chez ceux qui nous entourent.

Quatre mois se sont écoulés. Les arbres du jardin frissonnent à la bise glacée, entrechoquant leurs branches dépouillées sous les brutales secousses du vent. La grande maison est aussi triste que le jardin. Mme Malbert, de complexion délicate, très fatiguée des soins prodigués à sa vieille tante, qui est morte dans ses bras, a eu un refroidissement. Croyant d'abord à une légère indisposition, elle ne s'est point ménagée et elle est tombée gravement malade.

C'est alors que la pauvre Geneviève a regretté d'être condamnée à l'immobilité, car elle n'eût laissé à personne la charge de rester auprès de Mme Malbert et de lui prodiguer les attentions, les soins que nécessite une maladie grave. La jeune fille a mieux apprécié encore l'affectueux et modeste dévouement de Melle Sensée.

La bonne demoiselle donne à son élève la meilleure leçon d'abnégation, elle prêche d'exemple et s'oublie pour les autres.

— Comment résistez-vous à tant de fatigue, lui demande Geneviève en entourant de ses bras le cou de son institutrice? vous prodiguez votre temps et vos peines sans vous plaindre, mon père et ma mère répètent bien souvent qu'ils ne sauront jamais reconnaître votre dévouement et qu'ils ont été bien heureux de vous avoir décidée à vivre avec nous.

— Ma chère Geneviève, dit Melle Sensée, en carressant les blonds cheveux de son élève, vos parents m'ont traitée en amie, en sœur; ils n'ont jamais une seule fois fait allusion à la nécessité où je suis de vivre chez autrui, j'aimais déjà votre mère, puisque nous sommes amies de pension, mais aujourd'hui je l'aime davantage encore, pour sa délicatesse, sa bonté et sa modestie. Le dévouement est bien souvent le résultat de ces qualités. Votre mère m'a consolée quand j'ai perdu ceux qui m'étaient chers, et les bons sentiments en appellent d'autres. Mon bonheur réside en vous tous et quand vous souffrez, je partage vos souffrances.

— Après mon père et ma mère, c'est vous que j'aime le plus au monde.

— Et moi, Geneviève, je vous chéris au-dessus de tout, puisque je n'ai plus de famille.

58. — Les lycopodes fournissent le soufre végétal.

Michel est souvent employé à faire des courses à la pharmacie; il entre un jour au laboratoire, il regarde les mortiers, les cornues, il voit faire des pilules, et raconte à Geneviève qu'il a entendu parler de poudre de lycopode.

— J'ai entendu citer les lycopodiacées parmi les cryptogames, et je voudrais savoir si la poudre que j'ai vu vendre a quelques rapports avec cette famille sans fin, car vous avouerez, Mademoiselle, que toutes ces plantes-là n'ont aucune ressemblance apparente. Quant à la poudre, d'où peut-elle venir ? Probablement de la racine pilée comme celle de l'iris !

Mortiers, Cornues.

— Voici Melle Sensée, dit Geneviève, elle va satifaire ta curiosité.

— Oui mes enfants, dit Melle Sensée, la poudre de lycopode, qu'on nomme aussi soufre végétal, est bien le produit d'un cryptogame.

Cette herbe ou mousse terrestre produit des fleurs à épis cylindriques, les capsules de ces épis renferment une poudre légère, qui sert en pharmacie pour rouler les pilules. Elle sert encore pour saupoudrer la peau dans quelques affections cutanées telles que l'intertrigo. Cette poudre est aussi employée par les artificiers qui font avec elle des flammes extrêmement brillantes.

Les feuilles du lycopode ont des propriétés médicinales peu usitées.

— Vous avez encore parlé des characées, dit Geneviève. Ces plantes sont-elles des mousses comme les lycopodiacées ?

— Les characées et les marsilleacées sont des plantes aquatiques.

Les characées vivent dans les eaux stagnantes douces et saumâtres.

— Elles ne servent donc à rien, dit Michel ?

— Si, Michel, c'est dans les charagnes qu'on a étudié et qu'on étudie encore plus facilement le phénomène de la circulation intra-cellulaire.

Les marsilleacées sont aussi des plantes d'eau douce. Leurs tiges rampent au fond des eaux peu profondes, elles émettent des racines et des feuilles à quatre folioles disposées en croix dont les tiges, roulées en crosse, s'allongent suivant l'épaisseur de la couche liquide, et font ainsi surnager leurs feuilles.

59. — Profitez de l'éducation que vous recevez et ainsi vous prouverez votre reconnaissance à vos parents et à vos professeurs.

Mme Malbert ne se remet pas. Le docteur insiste

pour qu'elle aille dans le Midi passer toute la période de sa convalescence.

Il y a d'abord de l'hésitation, où aller ? Comment s'habituer ailleurs que dans ce bon chez soi où toutes les habitudes sont prises depuis longtemps ?

Un ami de M. Malbert, qui revient d'Algérie chaque année pour ses affaires, fait un riant tableau de cette colonie, et la famille Malbert se résout enfin à suivre les conseils du docteur.

Aussitôt la décision prise, il faut se hâter. M. Malbert a prié son ami de lui louer une villa aux environs d'Alger, et Geneviève, d'abord triste de quitter Lille, se réjouit de voyager et de trouver le printemps en Algérie, alors qu'il gèle encore dans le Nord.

Quel branle-bas ! Ce sont des caisses où l'on emballe des meubles, de la vaisselle, du linge, des vêtements, puis les dispositions à prendre pour une longue absence; les parents, les amis accourent aussi faire leurs souhaits, et donner les baisers d'adieu.

Pauline, Mathilde et Valentine pleurent beaucoup en embrassant leur chère Geneviève, ce sont des protestations d'éternelle amitié, des promesses d'échange de fréquentes lettres, enfin les vœux bien sincères, bien vifs, de voir revenir Mme Malbert et sa fille entièrement rétablies. Les trois amies trouvent aussi, venant de leur bon petit cœur, des paroles affectueuses et attendries pour remercier Melle Sensée.

— Vous nous avez donné, disent-elles, de bonnes leçons dont nous avons profité, nous ne l'oublierons jamais, Mademoiselle, jamais, et nous voudrions vous prouver notre gratitude !...

— Vous le pouvez bien facilement, mes chères enfants. Je vous ai fait quelque bien, dites-vous ; quand vous penserez à moi, soyez bienveillantes, modestes, et courageuses, ainsi je serai payée du peu que je vous ai donné et vous aurez les qualités qui font le plus grand charme des jeunes filles.

60. — L'enfant ingrat envers ses parents n'a jamais de bonheur.

Que de larmes dans la petite maison du concierge !... Alain et Sylvie se multiplient pour rendre service à M. Malbert, mais, rentrée dans la cuisine, la bonne Sylvie éclate en sanglots, tandis qu'Alain, du revers de sa main, essuie une larme furtive glissant le long de sa joue hâlée.

Les braves gens reçoivent de M. Malbert de grandes preuves de confiance. Il leur laisse la garde de la maison, du mobilier, des serres ; il donne à Alain les ordres les plus détaillés, certain que le jardinier obéira ponctuellement à toutes les instructions qu'il recevra.

La veille de son départ, Mme Malbert envoie Sylvie chez quelques-uns de ses pauvres; elle veut qu'ils ne pâtissent pas trop de son absence et elle leur assure un secours mensuel.

Michel ne quitte guère le château; il court de tous côtés, se met au service de chacun, et Mlle Sensée, la veille du départ, l'appelle dans la salle d'étude.

— Mon petit Michel, dit-elle en prenant les mains de l'enfant, je te quitte à regret; je m'étais accoutumée à surveiller ton éducation et il me semble que la bonne semence, souvent répandue par moi, germe déjà, mais le bien est comme les plantes sortant de terre, il faut peu de chose pour causer leur mort.

Tes parents travaillent pour vivre, ils ne peuvent te surveiller constamment et prévoir tous les dangers qui menacent ton âge. Tu passeras cette année ton certificat d'études; ensuite tes parents, après avoir consulté tes goûts, tes aptitudes, te choisiront un état. Tu n'es pas loin du moment où ton avenir se décidera. Ecoute donc mes derniers conseils. Tu es faible de caractère, Michel, et tu es aussi quelquefois orgueilleux; fais attention que ces deux défauts peuvent conduire à des vices et veille à ne point les laisser grandir. Fais ton devoir envers tes parents, l'enfant ingrat n'a jamais de bonheur, et tous les enfants reçoivent plus de leurs père et mère qu'ils ne leur rendront jamais. Maintenant, embrasse-moi ; Geneviève t'écrira et tu nous diras, en lui répondant, ce que tu fais et ce que tu penses.

61. — Ecrivez simplement comme vous parlez.

Ils sont partis. La dernière voiture de déménagement emporte des caisses et des meubles. La maison est triste, comme abandonnée. Les volets

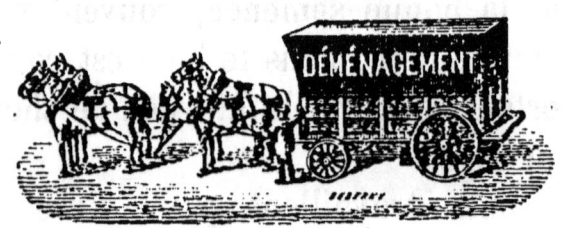

Voiture de déménagement.

clos, seulement ouverts chaque semaine pour le nettoyage, donnent un aspect de prison au château autrefois si animé. Plus d'équipages contournant les massifs de l'avant-cour ; plus de visites les jours de réception ; plus de domestiques affairés allant aux provisions et se hâtant d'exécuter les ordres de M. Malbert, plus rien que le silence, la tristesse !...

La douce Geneviève surtout et son institutrice laissent un vide que rien ne peut combler.

Alain s'est adjoint, comme gardien des bâtiments et du riche mobilier, un grand chien, qui devient bientôt le compagnon de Michel.

Sylvie rentre de ses nettoyages de chaque semaine les yeux rouges et le cœur gros. Les lettres de M. Malbert adoucissent son chagrin ; les nouvelles sont excellentes ; Mme Malbert se remet rapidement et Geneviève commence à marcher. Toute la famille espère rentrer dans le courant de l'année.

Un dimanche matin, la grande voiture des messageries descend, à la porte de la petite maison, une caisse à l'adresse de Sylvie : Michel est tout intrigué de cet envoi. La caisse ouverte en grande hâte montre les fruits d'or venant des orangeries de Blidah ; les mandarines plus petites et plus fines ; les dattes d'un beau brun doré ; des cédrats pour faire de la confiture ; des bananes d'un jaune pâle, à la chair d'un blanc crème, si savoureuse, qu'on croirait manger un fondant ; des grenades et des patates.

Toute la famille est bien touchée de cette attention, et une lettre de Melle Sensée dit que l'envoi vient de Geneviève qui n'oublie pas le dévouement de ses bons serviteurs et de son petit jardinier.

Après avoir goûté des fruits délicieux, il faut remercier, et Alain, qui envoie de temps en temps quelques mots pour dire que tout va bien, est très embarrassé. Il s'agit, dit-il, de témoigner notre reconnaissance par une lettre bien tournée.

Il se gratte l'oreille et reste une demi-heure la plume en main.

— On ne croirait jamais comme c'est plus difficile d'écrire que de parler, dit-il à Michel ; j'ai beaucoup de choses à dire, mais elles ne s'arrangent pas à mon gré, rien ne vient au bout de ma plume et je ne sais pas faire de phrases.

— Notre professeur nous recommande d'écrire simplement, dit Michel, comme nous pensons et en faisant ainsi, j'ai toujours de bonnes notes.

— Je vais donc essayer de cette façon, dit Alain, mais j'ai moins de mal à manier la bêche que la plume, c'est le cas de dire : On ne fait bien que son métier.

62. — Le travail a raison de la tristesse et de l'ennui.

Le travail a raison de tout, de la tristesse et de l'ennui, c'est ce que pense Michel ; il s'est préparé aux examens du certificat d'études en s'instruisant sans relâche, et il vient d'être reçu. Son père et sa mère, très heureux de ce succès, disent qu'il doit lui-même l'annoncer à Geneviève, que M. Malbert le désire ainsi ; Michel est un peu troublé par l'idée que cette lettre sera lue devant toute la famille, et il écrit ainsi :

Mademoiselle,

M. Malbert vient d'écrire à mon père que vous désirez recevoir de moi-même le résultat de mes examens. J'ai été reçu avec la note très bien, ainsi que mon camarade Adrien, qui me dispute encore les premières places.

La maison et le jardin sont toujours fort tristes depuis votre départ, cependant, il a fait beau et chaud cet été, les fraisiers de notre jardin ont donné une fort belle récolte, le petit cerisier était tout rouge, tant les fruits étaient abondants. J'ai porté une partie de ces fruits à Mme Verberen, cela lui a fait grand plaisir, parce qu'elle n'a guère le moyen d'en acheter.

Mon père et ma mère sont toujours affectés de votre absence, ils espèrent que vous ne tarderez pas à revenir à Lille.

C'est dans cet espoir que je suis, Mademoiselle, votre respectueux serviteur.

63. — Il ne faut jamais désespérer.

Mon cher Michel,

Je veux te féliciter de ton grand succès. Nous en avons été très heureux, et Melle Sensée répète souvent que tes parents sont récompensés de leur bonne conduite, de leur courage, par le bonheur d'avoir un fils intelligent et travailleur.

Mon père et ma mère t'envoient, pour te prouver leur satisfaction, cinquante francs, que tu placeras. Tu seras heureux plus tard de retrouver ton petit capital grossi d'un intérêt.

Nous ne savons encore quand nous reverrons le Nord ; ma mère se porte beaucoup mieux, et je marche en étant soutenue. Le docteur répond de ma guérison complète, cela prouve qu'il ne faut jamais désespérer. Je pourrai, lors de mon retour, courir avec mes amies dans le grand jardin. Je l'ai désiré tant de fois !

Je suis dans un pays de parfum, d'azur et de lumière. Les fleurs sont de teintes plus vives et si odoriférantes que beaucoup d'entre elles sont dangereuses dans les appartements. Comme le bon Alain serait heureux de cultiver un jardin par ici !... La végétation y est exubérante. Pourvu qu'il y ait de l'eau, tout pousse à profusion, avec une richesse dont tu ne peux avoir l'idée. Il y a aussi de ravissantes fleurs sauvages ; j'ai trouvé dans les montagnes des orchidées et des cyclamens qui sont à Lille cultivés dans les serres.

Et la mer !... Combien j'aime sa couleur bleue qui se fond à l'horizon avec l'azur du ciel. Ma lettre est déjà longue, et je te parlerai une autre fois de la Méditerranée.

Embrasse pour moi tes bons parents,

64. — L'instruction est un trésor que rien ne peut enlever.

De Geneviève à Michel.

Mon cher Michel,

Un parent de mon père, M. Hervé, qui habite allée de Saint-Maur, est en ce moment très embarrassé ; son jardinier vient de mourir ; il a été remplacé par un jeune homme qui ne connaît pas grand'chose en horticulture. M. Hervé demande donc à mon père si Alain ne pourrait aller surveiller et aider ce nouveau jardinier.

Nous ne rentrerons pas avant l'année prochaine ; Alain n'aura donc à faire, cet automne, ni semis, ni boutures ; mon père désire qu'il donne la plus grande partie de son temps à M. Hervé.

Maintenant que ma commission est faite, je te dirai, Michel, que je suis toujours aussi charmée de l'Algérie.

Souvent Mlle Sensée m'emmène promener aux bords de la mer. La Méditerranée n'est pas dangereuse comme l'Océan : elle n'a ni flux ni reflux. Ses bords sont souvent calmes et parsemés de rochers à fleur d'eau qui deviennent de petits réservoirs où vivent d'innombrables mollusques et crustacés. Je m'assieds sur une roche plate, je laisse mes pieds baigner dans l'eau tiède et douce en cette saison, et je m'amuse à observer tout ce monde grouillant qui peuple les mers.

Mlle Sensée me fait des cours d'histoire naturelle et elle m'aide aussi à recueillir des coquilles que je veux rapporter en France. Ce sont de belles coquilles vivantes, telles que les amateurs les recherchent, c'est-à-dire que le mollusque habite encore sa maison close par une porte nommée opercule. Les flots et les vagues ne l'ayant pas roulée, la coquille est bien nette, bien fraîche et ses bords ne sont pas écaillés.

Tu ne saurais croire, Michel, combien ces stations aux bords de la mer sont intéressantes. Les enseignements que j'en retire sont des trésors que rien ne peut enlever. Tu iras probablement à Dunkerque avec les enfants qui ont leur certificat d'études. Je serais bien curieuse de connaître tes impressions et j'attends les détails de ce voyage.

Au revoir, Michel, transmets mes sentiments bien affectueux à tes parents.

65. — Le travail trouve toujours sa récompense.

MADEMOISELLE,

Mon père et ma mère sont bien touchés de l'honneur que vous me faites en m'écrivant. Ils vous remercient de votre bon souvenir et ont toujours pour vous le plus profond attachement.

J'ai attendu pour vous répondre que nous ayons fait le voyage de Dunkerque. Nous étions fort nombreux cette année : sept cents enfants, garçons et filles.

Chaque école était confiée à un professeur et nous formions à la gare comme un régiment dont les capitaines étaient les instituteurs et les institutrices.

Vous jugez si nous étions joyeux !

Il y avait parmi nous des enfants qui n'étaient jamais allés en chemin de fer. Le train était chauffé spécialement pour nous et vous pensez qu'il y a bien eu quelques bousculades et quelques cris avant que nous fussions installés dans les wagons.

Nous traversons la ville d'Armentières connue par ses nombreux tissages de toile ; Bailleul dont le beurre est renommé à cause de ses gras pâturages, et nous arrivons à Hazebrouck. L'arrêt est plus long, mais nous ne nous intéressons qu'au but de notre voyage.

Pourtant, on nous signale le mont Cassel, et cela nous rappelle la célèbre bataille de ce nom. Le train court, vole à travers les plaines verdoyantes et les villages de la Flandre si paisibles et si calmes qu'on les croirait endormis.

Enfin, nous y sommes !... Un air plus vif nous fouette le visage et nous nous acheminons en bon ordre vers la Place Jean-Bart. Nous nous rangeons autour de la statue et nos sept cents voix entonnent un chœur.

Les habitants de Dunkerque accourent pour nous voir, et la municipalité nous félicite, tout à fait comme si nous étions de grandes personnes. Je vous assure, Melle Geneviève, que ça fait une profonde émotion d'être ainsi traités par les autorités d'une ville.... Nous déposons une couronne au pied de la statue de l'illustre marin et nous reprenons notre course tout le long des bassins. Nous voudrions nous arrêter, regarder à notre aise les grands navires qu'on charge et décharge et mieux voir la manœuvre de ces matelots, aussi agiles que des chats, mais nous allons à Rosendaël sur la plage.

Nous marchons très vite et nous poussons bientôt des cris de joie. La voilà donc la mer qui jette ses grosses vagues vertes sur le sable comme si elle venait à notre rencontre !

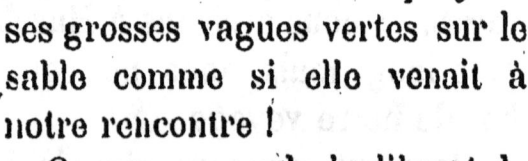
Navire.

On nous accorde la liberté de jouer, de courir, de nous baigner.

Que c'est beau, que c'est grand !.... Tout au loin les barques, les vaisseaux passent comme de grands oiseaux et je ne me lasse point de contempler ce spectacle si nouveau. Nous ramassons des coquillages, mais je cherche en vain des coquilles vivantes, comme vous dites; toutes les maisons sont vides, je ne sais si les habitants les ont quittées pour en prendre d'autres, où si elles sont devenues vacantes après décès.

Il y a des crabes, nous les poursuivons, mais ils sont agiles, et disparaissent dans le sable humide.

Le temps passe et notre estomac crie l'heure du repas. Le dîner est prêt; vous jugez si nous y faisons honneur. Mais on nous promet pour l'après-

Remorqueur.

midi une promenade en mer sur un remorqueur, et nous retournons sur la plage.

Je m'embarque un des premiers avec les professeurs et d'autres élèves. On nous explique le jeu des machines, et le remorqueur avance à travers les lames et les vagues, les coupant et faisant jaillir une pluie d'écume blanche. Nous sommes bien loin et comme perdus sur cette étendue d'eau.

Les petites filles ont peur, il y en a qui craignent de ne point rentrer à temps pour prendre le train et nous nous moquons d'elles. — Les garçons sont tout de même moins poltrons que les filles. — Je voudrais que cette promenade fût plus longue, mais nous rentrons vers le port où beaucoup de personnes viennent nous voir débarquer.

Les baigneurs, les habitants des jolis chalets disséminés sur la plage sont nombreux et j'envie leur bonheur. Comme il doit faire bon vivre ici et se promener de grand matin !

Quelques-uns visitent le phare avec un maître, je suis du nombre, le gardien nous explique son mécanisme ; d'autres ont préféré explorer un grand navire, je regrette de n'avoir pu tout voir.

Nous goûtons et nous reprenons le chemin de la gare, qui est tout au bout de la ville. Il s'agit de retrouver le guide de sa classe. On crie, on se cherche. Les maîtres et les maîtresses font l'appel et... en route. Nous rentrons à Lille à neuf heures. Cette bonne journée nous a bien dédommagés de nos peines, et nous disons que le travail trouve toujours sa récompense. Nos parents nous attendent et nous nous couchons aussi volontiers que nous nous sommes levés.

Voilà, Mademoiselle, la relation de mon voyage ; je l'ai faite pour répondre à votre désir.

Mon père et ma mère vous envoient l'expression de leur respectueux attachement, et je reste votre très humble serviteur.

66. — La collectivité seule permet de faire de grandes choses.

Ta lettre m'a beaucoup intéressée, Michel, et mon père est heureux de participer par sa cotisation et ses dons à l'œuvre du Denier qui donne, aux enfants des écoles, une journée de joie si complète.

Melle Sensée me dit de te faire remarquer ce que peut l'initiative de quelques esprits généreux et la collectivité. C'est grâce au grand nombre des cotisations que l'on peut donner aux plus malheureux des élèves, des secours en nature, et aux plus studieux, cette journée de joie. Cela prouve qu'il y a beaucoup de bonnes gens dans le monde, puisqu'il y a encore, outre le Denier, le Sou des écoles qui vient en aide aux pauvres familles envoyant leurs enfants en classe.

— Je constate avec plaisir que tu sais comprendre et admirer les grands spectacles de la nature.

Je me réjouis aussi d'amasser beaucoup pour mon retour à Lille. J'ai bonne mémoire, et je me vois dans le jardin, avec mes bonnes amies et toi, Michel, vous racontant mes impressions de voyage.

mes observations, et faisant parfois rire mon auditoire.

Je fais, avec Melle Sensée, de longues promenades, nous partons en voiture dès le matin, et nous rentrons le soir.

Nous avons vu, dans les gorges des torrents,

de grands vautours et des aigles qui emportent dans leurs serres les animaux dont ils se nourrissent.

Nous rapportons de ces excursions des choses bien curieuses. J'ai en ce moment une petite ménagerie peuplée en partie des animaux attrapés durant nos promenades. Je possède de jolis lézards non point, comme ceux de Lille, gris et ternes, mais de gros lézards longs de quinze à vingt centimètres, d'un beau vert d'émeraude. Ils préfèrent les endroits légèrement humides et viennent s'étaler au soleil avec des airs de délice qui font plaisir à voir. J'ai aussi des caméléons, c'est un saurien comme le lézard qui jouit d'une étrange propriété, il change de couleur tout-à-fait comme si on lui passait de la peinture sur le corps. Le voilà gris, vert clair, vert foncé, presque rose... On prétend que cet animal prend la couleur de l'objet sur lequel on le pose. Nos observations personnelles détruisent cette théorie. Le caméléon change effectivement de couleur et peut rester l'emblème des gens qui n'ont pas d'opinions constantes. Nous supposons que cet animal rougit, pâlit, verdit sous l'influence de ses propres sensations, puisqu'en étant à la même place il passe par les teintes les plus variées.

Dans le jardin, je nourris une jolie gazelle. Je prends plaisir à la voir bondir, quand elle vient chercher dans mes mains les plantes dont elle est friande.

Puis, caché dans un trou, un gros porc-épic attend la nuit pour se mettre en campagne. Le hérisson de nos pays te donnerait une bien faible idée de cet animal ; il est tout vêtu de plumes très longues, acérées, se roule en boule quand il craint un danger, et il est armé pour empâler ses ennemis.

Je ne puis t'écrire plus longuement, Mlle Sensée m'attend, mais j'insiste pour que tu me parles de tes occupations, de tes projets. N'oublie pas non plus de me donner des nouvelles de ton ami Adrien et de sa famille, surtout parle-moi d'Irène et des grandes sœurs.

67. — Il faut faire son devoir avant de satisfaire ses goûts.

MADEMOISELLE,

Je suis allé chez Mme Verberen lui demander de votre part comment va sa dernière petite fille. Irène commence à marcher, elle est fort gentille, rit toujours, et j'aurais bien aimé d'avoir une petite sœur comme elle.

Mme Verberen m'a dit qu'Adrien a trouvé une place dans une maison de commerce, où il sera employé à faire les courses.

Mon ami, que j'ai vu un moment, m'a confié qu'il aurait préféré continuer ses études, mais il fait quand même son devoir de bon cœur en cherchant à gagner sa vie le plus tôt possible pour alléger la charge de ses parents. Justine a tant de goût et de courage qu'elle est payée comme une ouvrière déjà habile dans son état, et lorsqu'elle rentre le soir elle fait encore des vêtements pour ses sœurs.

Mme Verberen et ses enfants n'ont pas oublié vos bontés, et ils sont bien heureux d'apprendre que vous vous portez bien, ainsi que vos parents.

Mon père a décidé que j'irai encore au moins une année en classe; je suivrai le cours supérieur. Mon père ajoute que l'instruction est un bien plus solide que tous les autres et que rien ne peut l'enlever. Il se propose de consulter M. Malbert pour décider de ce que je ferai dans la suite.

Maman s'ennuie toujours beaucoup; elle soupire chaque fois qu'elle va au bout de la pelouse et s'arrête devant votre jardin, que je soigne encore, mais avec moins de goût qu'autrefois.

68. — Il ne faut point discuter des goûts et des couleurs.

De Geneviève à Michel,

Dis à ma bonne Sylvie, de ne pas s'affliger, je reviendrai, comme les hirondelles, qui fuient les frimas pour reparaître au printemps. La vie, le mouvement, la gaîté, animeront de nouveau la grande maison. Je ne parcourrai plus les allées du jardin, couchée dans la grande voiture ; j'irai où bon me semblera, sans recourir à personne pour me conduire. Quelle bonne chose que la santé, et comme on a tort de se plaindre quand on la possède !...

Mes parents ne rentreront pas définitivement en France, nous garderons à Mustapha-Supérieur, tout près d'Alger, notre maison que nous habiterons l'hiver. J'aime beaucoup l'Algérie et je ne saurais me résoudre à quitter ce merveilleux pays, sans avoir l'espoir d'y retourner, mais la France m'est encore plus chère. Lille même, ma ville natale tout embrumée, jetant au vent la fumée de ses monumentales cheminées, m'attirera toujours et j'ai hâte de la revoir, d'y retrouver mes amies d'enfance, mes compagnes, tous ceux enfin qui me témoignent de l'affection et je sais, Michel, que ta famille n'est pas en reste avec moi.

Nous avons ici, pour voisins, d'aimables personnes originaires du Midi. En général, les habitants de l'Algérie sont bien plus confiants, plus hospitaliers que ceux du Nord, mais leurs habitudes ne sont pas les nôtres, et maman soupire souvent en souhaitant revoir Lille.

Chef Arabe.

J'ai fait, grâce à ces voisins, la connaissance d'un chef arabe, chez qui je suis allée en visite avec ma mère et Melle Sensée.

Ce chef a quatre femmes. — C'est la coutume des Arabes. — Ces femmes nous ont très bien accueillies, je leur ai offert des rubans et elles nous ont servi du café dans des tasses en miniature, des confitures à l'essence de rose et à la fleur d'oranger.

Maman et Melle Sensée ont eu toutes les peines du monde à avaler leur part. Si elles avaient refusé les friandises offertes, cela eût été regardé comme une grave impolitesse. Quant à moi, j'ai trouvé ces friandises délicieuses.

Quelques jours après, j'ai goûté du couscoussou, qui est le mets favori de l'Arabe. On fait ce plat au gras, au maigre, au piment, enfin de mille façons, mais la chose déplaisante est qu'il faut manger chacun au même plat.

Une Mauresque a apporté une énorme écuelle pleine d'un mets fumant, granulé ; nous nous sommes assises à la turque, autour d'une petite table très basse, sur laquelle on a posé le plat de couscoussou et, ayant reçu chacune une cuillère, nous avons fait notre trou, le plus grand possible. Plus on consomme, plus l'hôte est satisfait. Nous en sommes sorties à notre honneur, quoique ce mets nous ait semblé peu agréable.

Le plus drôle de l'histoire est que nous étions ce jour-là en nombreuse compagnie, et qu'en sortant de chez l'Arabe, nous avons discuté des qualités et des défauts du couscoussou. Une dame le trouvait excellent et vantait son mérite, une autre le jugeait exécrable et lui trouvait toute espèce de défauts. J'ai vu le moment où ces deux dames allaient se fâcher. Melle Sensée réprimait une forte envie de rire et m'a fait à ce sujet une dissertation sur le danger de discuter des goûts et des couleurs.

Mes trois amies de Lille m'écrivent souvent et me demandent ce que devient mon petit jardinier. J'ai répondu qu'il grandit sûrement en toutes sortes de qualités et qu'il doit être un des meilleurs élèves de l'école supérieure.

Console tes parents de notre absence et reste, mon cher Michel, un bon élève et un bon enfant.

69. — Les animaux se font la guerre.

De Geneviève à Michel.

Je comprends qu'étant très occupé de tes études, tu n'aies pas répondu à ma dernière lettre, et comme j'ai plusieurs commissions à donner à Alain, je t'écris encore pour que tu les lui transmettes.

Je désire que mes amies reçoivent un souvenir à l'occasion de la Ste-Catherine, et je fais expédier chez tes parents plusieurs colis que ton père portera à leur adresse, la veille de la fête des jeunes filles. Ton père y joindra des fleurs et si la serre n'en donne pas d'assez jolies, il ira en acheter chez un horticulteur.

Je travaille depuis plusieurs mois pour mes chères amies et je leur envoie, entre autres choses, un petit herbier de plantes marines.

Je suis très habile dans cette préparation, et voici comment je fais. Je recueille, dans les anfractuosités des rochers, les plus jolies algues. Je les rapporte avec soin dans une boîte de fer blanc, elles conservent ainsi leur humidité. J'ai une cuvette pleine d'eau claire, j'y mets la plante, elle s'étale, étend ses délicats rameaux, je passe en-dessous une feuille de papier blanc, j'arrange la plante avec de petites pinces, je sors lentement le papier de l'eau, la plante y adhère et je place le tout entre deux feuilles de papier gris. Ces plantes ont un très beau coloris et une grande variété de formes.

Tu seras peut-être curieux de connaître ces cryptogames.

Les algues ou hydrophytes sont des cryptogames cellulaires; ils sont placés au dernier rang de la série végétale.

On trouve les algues dans les eaux salées et les eaux douces. Les algues sont divisées en trois familles: les ulvacées, les floridées et les fucacées.

Maintenant, me demanderas-tu, à quoi servent-elles ?

Plusieurs espèces sont alimentaires ou médicinales et, contrairement à leurs parents, les champignons, aucune algue n'est vénéneuse. On peut en extraire de la soude et de l'iode.

On emploie aussi les algues comme engrais.

Dans le monde sous-marin, peuplé aussi, les algues sont les aliments des animaux aquatiques herbivores ; elles leur servent encore d'abri et même de refuge ; car là toujours comme sur terre, les animaux se font la guerre et s'entre-dévorent.

C'est une loi naturelle, dit Mlle Sensée, mais c'est une loi à laquelle chacun cherche à se soustraire, les petits comme les grands.

N'oublie aucune de mes recommandations pour mes amies. Il y a dans le nombre des colis une caisse à ton adresse, tu y trouveras aussi des spécimens de plantes marines et des coquilles.

70. — On ne doit jamais vanter les mérites des siens.

Michel a répondu à Geneviève une lettre compassée ; le jeune garçon parle trop de lui-même avec complaisance.

Sylvie, flattée d'avoir un fils instruit, le glorifie plus que de raison. A l'entendre, Michel est une merveille, un phénix.

Alain, plus clairvoyant, arrête souvent le courant de ces paroles élogieuses.

Ne crions pas si haut les qualités de notre fils, dit-il, outre que tu les exagères, tu prêtes à la moquerie. On ne doit jamais ainsi vanter les mérites des siens. J'entends presque toutes les mères s'écrier qu'il n'y a pas au monde d'enfants plus extraordinaires que les leurs et quand on voit de près ces merveilles, on est tout surpris de trouver de petits sacripants, gâtés, volontaires et trop souvent irrespectueux envers leurs parents et leurs supérieurs.

— Peut-on comparer notre Michel à de pareils enfants ? Il ne fait jamais rien de mal.

— Je ne dis pas que Michel soit mauvais, il a simplement des défauts, tout comme les autres.

— Par exemple, s'écrie Sylvie indignée, je voudrais connaître ces gros défauts. Les pères ne sont jamais satisfaits.

— Et les mamans sont trop indulgentes. Si les enfants comprenaient que les mères sont aveuglées par leur tendresse, le mal ne serait pas grand ; mais, au contraire, les gamins d'à présent croient qu'on ne fait jamais assez pour eux.

— Tu n'as rien à dire de Michel.

— Michel devient orgueilleux.

— Orgueilleux, non ; il est seulement fier de son instruction et c'est assez naturel.

— Non, Sylvie, ce n'est pas bien. Michel prend de grands airs vis-à-vis de nous, parce qu'il a plus de savoir que ses parents et se croit déjà supérieur à eux. Quand nous discutons avec lui, il nous arrête net par ces mots : Vous ne savez pas, vous ne pouvez donc pas juger cette question ! Cela me déplaît fort, et il finira, si nous n'y mettons bon ordre, par croire que nous devons être honorés de le loger, le nourrir et de travailler pour lui. L'instruction est une belle chose ; j'ai des égards pour ceux qui la possèdent, mais quand un garnement de treize ans fait tant de façons et répète à tout propos : « Moi, je dis cela ; moi, je fais cela ; moi, je veux cela ; moi, je sais cela ! » J'en ai les oreilles qui chauffent et j'ai grande envie de lui donner une correction pour le ramener au respect de la famille et à de plus humbles sentiments.

— Corriger notre Michel, s'écrie Sylvie, il ferait beau voir cela. Puisqu'il est plus instruit que nous, il est juste de nous taire quand il parle.

71. — Mieux vaut des parents trop sévères que des parents trop faibles.

Sylvie est très vexée des remarques d'Alain, elle convient, mais seulement en elle-même, qu'il y a dans cette accusation quelque justesse.

Michel prend un ton parfois sec et dur, même envers sa mère, et la pauvre femme espère que le retour de la famille Malbert aura sur son fils une heureuse influence. Alain a le même espoir et il le développe longuement dans ses conversations avec sa femme.

— Les parents, les gens d'âge mûr, dit-il, ont l'expérience, le jugement qui manquent à la jeunesse. Jamais un gamin n'est supérieur à son père, quand bien même le père ne saurait pas lire. Vois cette bonne demoiselle Geneviève, elle était bien plus avancée que les jeunes personnes de son âge, elle raisonnait comme si elle avait déjà seize ou dix-sept ans. J'étais souvent dans le jardin, non loin d'elle, j'écoutais ses conversations avec ses amies, ses parents, ses inférieurs; elle ne prenait jamais de grands airs, et ne faisait point d'embarras. Elle ne dédaignait pas de demander avis à plus petit qu'elle et discutait gentiment, quand elle croyait avoir raison.

Cette jeune fille-là est une exception, parce qu'elle est bonne, modeste, respectueuse avec ses parents et son institutrice. Il est vrai qu'on ne lui met pas sans cesse un encensoir sous le nez. Melle Sensée est une personne d'un très grand esprit. Elle lisait ce qui se passait dans la tête des enfants et leur faisait à point sa petite leçon. Elle m'a dit plus d'une fois : Alain, Michel est comme une bonne plante de belle venue mais un peu faible, à laquelle il faut un bon tuteur et pas du tout de mauvaises herbes à l'entour.

Je comprenais bien : — cela voulait dire : Gardez-le des sociétés douteuses. J'ai dans l'idée que cet enfant reçoit de mauvais conseils, c'est là l'ivraie qui poussera plus haut que la plante, et l'étouffera.

— Tu perds la tête, mon pauvre homme, avec tes sociétés, tes plantes, ton tuteur et tout le reste!... Melle Sensée est une bonne personne, mais parfois trop sévère ; elle ne passe rien aux enfants.

— Mieux vaut trop de sévérité que trop de faiblesse.

— Michel est jeune ; il perdra ses petits défauts avec l'âge.

— A moins que ses défauts ne grandissent, soupire Alain ; heureusement, M. Malbert et sa famille rentreront bientôt, et je leur demanderai ce que je dois faire de mon fils.

72. — Le temps perdu ne se rattrape à aucune époque de la vie.

Depuis plus d'un mois, les parents de Michel n'ont pas reçu de nouvelles d'Algérie, et Sylvie, chaque jour attend impatiemment le facteur.

— Enfin ! fait la bonne femme en criant après son mari, et en élevant une lettre pour hâter la marche d'Alain.

— J'arrive, crie le jardinier, je suis aussi

pressé que toi de savoir ce qui se passe là-bas. J'étais dans une inquiétude qui parfois m'empêchait de dormir. Lis cela tout haut, Sylvie, probablement que ce sont des ordres pour arranger le jardin en prévision du retour des propriétaires.

L'enveloppe est déchirée, la lettre ouverte, mais Sylvie ne parle pas ; ses yeux dévorent les caractères qui couvrent le papier et un sanglot déchirant sort de ses lèvres. Alain lit aussi par-dessus l'épaule de Sylvie, et il s'arrête en poussant une exclamation douloureuse.

Cette lettre contient le récit d'un accident horrible. Mme Malbert et Geneviève se promenaient en voiture, comme elles le faisaient presque chaque jour, les chevaux s'emportent, traînant dans

Chevaux s'emportant.

leur course folle la calèche. En vain, le cocher tient fermement les guides, en vain, les passants se précipitent pour arrêter les animaux affolés, qui descendent une pente rapide et viennent s'abattre contre une clôture, brisant la voiture et jetant à bas Mme et Mlle Malbert.

Le cocher se relève sans blessure, Mme Malbert est atteinte seulement de contusions, seule Geneviève reste inanimée et l'on constate en la relevant qu'elle a plusieurs blessures et une fracture de la jambe.

Pendant quinze jours, on crut la jeune fille perdue. Aujourd'hui, enfin, le docteur répond de la vie de la blessée, mais nul ne peut dire en quel état elle sortira de son lit.

Melle Sensée donne ces détails à la hâte, en même temps que des instructions à Alain.

M. Malbert ne reviendra pas en France cette année, et il prend ses dispositions pour garantir ses intérêts.

Michel partage la douleur de ses parents.

C'est donc fini de l'espoir de voir bientôt rentrer les propriétaires de la grande maison. Les hirondelles feront leurs nids, les arbres verdoieront et fleuriront sans rien changer à la tristesse, à la solitude du grand jardin. Le rire de Geneviève n'égaiera pas son domaine, et ses roses fleuriront sans que son doux regard les admire.

Rose.

La vie reprend plus monotone encore, et Michel

s'abandonne davantage à ses instincts. Il flâne dans les rues et supporte mal les réprimandes.

M. Hervé vient de joindre un vaste terrain à sa propriété, et il charge Alain de l'arrangement du jardin et de l'aménagement des serres. Le brave homme est heureux de ce surcroît de besogne.

Chaque mois arrive un bulletin de la santé de Geneviève, et ces bulletins ne sont pas toujours satisfaisants.

Alain est souvent dehors, Sylvie gâte d'autant plus Michel, qu'elle est plus isolée.

Michel doit faire une longue course pour aller à l'école supérieure, il l'allonge encore en traînant par les rues, à l'affût des petits événements ; camions en souffrance, accidents de voiture, retard de tramways déraillés, passants arrêtés, il veut tout voir, tout entendre et ce sont autant d'heures perdues pour ses études.

Il a pour compagnons de ces courses sans but ni profit, les deux moins bons élèves de l'école supérieure. Ils flattent Michel et celui-ci les paie en faisant leurs devoirs, en soutenant leur paresse.

Les deux défauts usent de bons procédés et gagnent du terrain.

L'été est venu avec ses longues soirées tièdes, et ses journées d'accablantes chaleurs. Michel, quand sa mère lui reproche de s'attarder au retour de l'école, se plaint de maux de tête. Il se dit souffrant, et la bonne Sylvie inquiète, cesse aussitôt ses réprimandes, gâte son enfant, lui réserve à table les meilleurs morceaux et fait pour lui des plats délicats.

Michel n'est point méchant, mais il écoute en ce moment les suggestions mauvaises de l'orgueil. Sa mère a répété qu'il est intelligent et il s'imagine qu'il n'a pas besoin de se fatiguer à l'étude. Je rattraperai bien vite le temps perdu, se dit-il. Mais jamais à aucune époque de la vie ce bien-là ne se retrouve.

73. — Quand on est attiré vers le mal, il faut chercher un appui auprès de ses parents.

Alain, qui se défie des flâneries de Michel, veut l'emmener travailler chez M. Hervé. Le jeune garçon suit son père à regret ou il laisse quelques devoirs à terminer et s'excuse ainsi de ne point l'accompagner.

Il se sauve après le départ de son père et trouve des prétextes que Sylvie accepte trop facilement.

— J'ai un livre à remettre à un camarade, dit Michel, un conseil à demander.

Une fois dehors, il se promène, il connaît les moindres recoins de la ville et ne tire aucun profit de ce vagabondage.

Un jeudi, Michel errait à la recherche d'un de ses camarades, lorsqu'il s'entendit appeler.

— Tu es donc bien fier, Michel ?

— Tiens, c'est Adolphe. Je te croyais en Belgique avec ton père.

— Oui, après la mort de ma mère nous sommes tous partis, mais comme j'ai ici une excellente affaire, je reste.

— Ah! tu as une bonne place.

— Oui, mon cher, une place comme on en trouve peu. Presque rien à faire et bien payé.

— Ces places-là ne sont pas communes ; chez qui es-tu ?

— Chez un grand industriel, mais tu ne le connais pas, son nom ne te servirait à rien.

— Tu as peut-être peur que d'autres prennent ta place ?

— Non, mon patron tient trop à moi.

— Enfin, tu es content, c'est l'essentiel.

— Et toi, tu as l'air de t'ennuyer ?

— Pour te dire la vérité, je ne m'amuse pas tous les jours. Ma mère me laisse sortir, mais mon père est trop sévère.

— On tourne les difficultés, on cherche des excuses.

— C'est facile à dire.

— Tu es trop godiche, trop bênet... Dis à tes parents que tu veux suivre les cours de l'Académie de peinture.

— Eh bien, après ?
— Au lieu d'y aller, tu te promèneras.
— Non, je ne tromperai pas mes parents.
— Quel serin !... Tu es bon tout au plus à mettre en cage et à recevoir la becquée. Je ne voudrais pas mener ton existence. J'ai fait un tour en Belgique, et je me suis fort amusé. J'ai passé quinze jours à Bruxelles, ville superbe. Les jardins y sont très beaux et les environs remarquables. J'ai visité les musées, les monuments anciens et modernes.

— Mon parrain, dit Michel, m'emmènera à Bruxelles et à Anvers l'année prochaine, il y a des merveilles parmi les anciens monuments, dit-il ! Pourquoi as-tu quitté la Belgique ?

— Mon patron m'a rappelé.

— Tu voyages donc pour les affaires, et quels sont les produits de la maison ?

— Un produit industriel de récente invention. Il y a des millions à gagner, j'ai un petit intérêt sur la vente.

Michel examine Adolphe et remarque qu'il est très bien mis, il a même de l'or dans son porte-monnaie, et il offre au fils d'Alain une consommation dans un grand café.

Michel quitte Adolphe en promettant de le revoir. Le jeune garçon est émerveillé de cette rapide fortune. Mais lorsqu'il est seul, il s'étonne des réticences d'Adolphe, il a quelques doutes, il sait combien les bonnes places sont rares, et il ne comprend pas qu'un mauvais sujet comme Adolphe ait autant de chance.

Michel devrait en rentrant chez lui parler d'Adolphe, mais la crainte d'être blâmé pour avoir renoué des relations avec ce garçon qu'Alain et Sylvie méprisent, retient Michel.

S'il avait parlé, s'il avait répété les perfides conseils du mauvais sujet, ses parents lui auraient démontré qu'il n'est qu'un seul chemin, celui de l'honneur, de la franchise, du travail. Alain et Sylvie auraient eu vite raison des suggestions mauvaises qui troublaient Michel. Il devait avouer cette rencontre et chercher un appui auprès de ceux qui sont les meilleurs de tous les amis, auprès de son père et de sa mère.

74. — L'ennui est un mauvais compagnon qui vous prend par la main et vous éloigne du devoir.

Dans les pays tropicaux, il existe, disent certains auteurs, des arbres de haute venue au luxuriant feuillage. Le voyageur fatigué du soleil, de la poussière, ne voyant que l'apparence séductrice de ces abris naturels, y cherche un repos réparateur. Mais les émanations de ces arbres sont mortelles et leur poison s'infiltre dans le sang par la respiration. Quand l'homme prudent sent le début d'une torpeur délicieuse, il fuit ces lieux empoisonnés, et préfère la chaleur et la marche à cet engourdissement qui est le prélude de la mort.

Ainsi sont les méchants ; leurs paroles mensongères et flatteuses coulent leur venin dans l'esprit, y étouffant les qualités primitives.

Michel s'isolait volontairement des siens, il méconnaissait leur tendresse, repoussait leurs conseils et cherchait à échapper à leur autorité. Engagé dans cette mauvaise voie, le jeune garçon s'ennuyait, délaissait complètement le jardinage, et l'ennui, comme un mauvais compagnon, le prenait par la main et l'éloignait davantage du travail et du devoir.

Il rencontra encore Adolphe, et pour avoir l'air d'être un homme, il but plusieurs petits verres et fuma un cigare.

Michel, en rentrant, se plaignit de maux de tête, il dut se mettre au lit et eut des nausées toute la nuit. La pauvre Sylvie, inquiète, crut son enfant menacé d'une maladie grave et ne se coucha pas. Michel, repentant, avait grand désir de rassurer sa mère, de lui avouer sa petite faute, mais la honte, l'orgueil le retinrent et la pauvre Sylvie garda plusieurs jours son inquiétude.

Alain, très occupé des travaux de l'automne,

partait aux premières lueurs du jour et rentrait tard. Il ne venait même plus à midi. M. Hervé le faisait dîner chez lui pour éviter une perte de temps.

La petite leçon donnée par le cigare et la mauvaise qualité de l'alcool bu par Michel profita quelques semaines. Mais qui a bu boira, disait Alain, et Michel ne devait pas s'arrêter en si mauvais chemin.

75. — Les défauts comme les loups vont par bande.

Michel gardait un désagréable souvenir de son premier cigare, et, pour éviter les railleries d'Adolphe, il résolut de ne plus le voir. Cette résolution dura juste huit jours au bout desquels le mauvais drôle avait reconquis le fils d'Alain.

— C'est désagréable, disait Adolphe, j'ai oublié mon porte-monnaie. As-tu vingt sous à me prêter ?

— Je n'ai que cinquante centimes.

Adolphe raconte qu'il est reçu dans la famille de son patron ; il offre sa protection à Michel pour lui procurer une bonne place et, ce jour-là, s'intéresse à la lecture.

Il prie Michel de lui prêter des livres et celui-ci promet de lui apporter toute l'histoire de France d'Henri Martin, ainsi que quelques ouvrages classiques.

Puis il se moque encore de l'éducation de Michel et de la façon dont il est tenu.

— Je dois l'obéissance à mes parents, répond Michel.

— Si tu n'étais pas plus instruit qu'eux, je pourrais convenir que tu dois respecter leurs ordres, mais toi, si intelligent et déjà si avancé dans tes études, toi qui pourrais, sans l'injustice du sort, arriver à une belle position, tu serais forcé d'écouter ceux qui ne savent rien, tandis que tu sais déjà tant de choses ! Non, ce serait de la sottise. La plupart des parents sont des ganaches qui radotent toujours les mêmes inepties : le devoir, le travail !...

En v'là une rengaine !... Va voir quand ils étaient jeunes s'ils parlaient ainsi et s'ils ne s'amusaient pas !

Michel n'est point convaincu ; néanmoins, il écoute et c'est trop. L'idée de sa supériorité le flatte et, en rentrant chez lui, il se répète qu'en effet il est déjà, par le savoir, bien au-dessus de son père et de sa mère.

Alain n'aimait point voir Michel inoccupé et un jeudi, il donna au jeune garçon une tâche assez rude. Michel avait promis la veille à Adolphe de le rejoindre et il chercha à se dérober aux ordres de son père.

Alain, mécontent du mauvais vouloir de son fils, lui ordonna sèchement de travailler sans regimber.

Autrefois, Michel eut baissé la tête, mais le langage malsain d'Adolphe avait déjà produit un mauvais résultat, et le jeune garçon fut arrogant.

— Après tout, dit-il, ce n'est pas la peine de me faire pâlir sur les livres pour me donner un pareil ouvrage, un ouvrage de mercenaire !.... Brouetter de la terre !... Ce n'est pas un métier et je ne travaille point à l'école pour en arriver là.

Alain, appuyé sur sa bêche, regardait Michel, il le regardait comme si subitement son fils se fut métamorphosé en monstre.

— Tu vas marcher, méchant garnement, dit-il, et, si je ne me tenais, tu recevrais une volée de bois vert pour ton insolence. Ce métier de mercenaire, comme tu le nommes, te donne du pain, paie les frais de ton instruction, et je te jure que si tu me parles encore comme tu viens de le faire, j'arrête tes études et je te mets aussitôt en apprentissage dans une maison où tu seras surveillé de près.

Michel savait que son père tiendrait parole, il obéit en rechignant et dès le lendemain raconta cette scène à Adolphe.

— Tu le vois, dit celui-ci, ton père abuse de son autorité. Il devrait tenir compte de ta supériorité et ne point te traiter comme un pauvre manœuvre, mais déjà il s'abaisse pour ne pas devoir s'incliner devant ton savoir. Les parents sont comme les maîtres : impossibles à satisfaire.

En classe, Michel n'est plus le meilleur élève, loin de là ; ses professeurs, d'abord surpris, ont cru à un moment d'arrêt et ils ont fermé les yeux sur cette mollesse passagère, comptant que le bon élève d'autrefois ne tarderait pas à reparaître et à regagner le temps perdu. Ils ont fait de légères remontrances, mais ils commencent à se lasser de leur indulgence et punissent l'élève cité l'année précédente comme le meilleur de leurs sujets.

Michel comprend qu'il fait mal. En classe, devant ses condisciples, il courbe le front sous les reproches mérités. Son professeur a parlé judicieusement du danger des mauvaises sociétés et

Nid d'oiseaux.

des mauvais conseils. Il a indiqué, dans une émouvante leçon, où peuvent mener la paresse et la désobéissance.

Michel, ce jour-là, est résolu à rebrousser chemin, à ne plus voir Adolphe, à reprendre courageusement ses études et à aider son père.

Comme ce reptile, dont Geneviève a parlé dans une de ses lettres, et qui détruisait tous les nids d'oiseaux du jardin, Adolphe ne lâche pas sa dupe, il vend les livres que Michel lui prête et paie en basses flatteries les services du jeune garçon.

76. — Les méchants n'abandonnent pas facilement leur proie.

Les méchants, qui tiennent une proie, ne l'abandonnent pas quand elle veut leur échapper. Adolphe guette Michel, le rattrape, lui parle, et le jeune garçon rentre chez lui pensif.

Dix heures sonnent, Michel écoute à la porte de la chambre de ses parents, leur respiration calme et régulière le rassure. Il a ôté ses souliers, les tient à la main et descend avec précaution, il frémit aux craquements de l'escalier.

Là, il hésite; les promesses alléchantes d'Adolphe l'attirent; une réunion de jeunes gens, un souper fin, sont les appâts offerts à sa naïveté. Mais il faut sortir la nuit, sans la permission de ses parents, et il comprend la gravité de cette faute.

Dehors s'élève une voix connue, modulant un

appel, et Michel ouvre la porte. Le silence, la nuit l'effraient, il veut reculer mais une main le saisit et l'entraîne rapidement.

— Je me morfonds ici, murmure Adolphe, marchons vite, les camarades nous attendent, allée de Saint-Maur, nous y ferons un fin souper au champagne.

Michel marche comme dans un cauchemar, une angoisse le prend, il regrette déjà son escapade et, avec sa faiblesse habituelle, il ne sait pas abandonner son compagnon.

Quelle nuit ! pas de clair de lune, pas d'étoiles au ciel et là-bas de singuliers bruits !... Des miaulements, des aboiements, des cris d'oiseaux nocturnes.

— Qu'est-ce que cela, demande Michel, effrayé !
— Rien, ne t'inquiète pas. Avançons.

Et tout à coup, s'arrêtant devant un chalet, Adolphe dit :

— Quel contretemps, j'ai oublié la clef que m'avait confié mon ami, nous entrerons par le soupirail de la cave dont les barreaux ne tiennent guère.

— Je ne suis pas cette route-là, proteste Michel, en voulant se dégager des mains d'Adolphe.

— Ne fais pas de manières, petit, mais au contraire laisse-toi glisser là-dedans. Tu es fluet, tes épaules passeront où les miennes ne peuvent entrer, et une fois là tu nous ouvriras les portes. Adolphe est grand, fort, il maintient sa dupe en imitant le cri de la chouette.

Michel se débat, des ombres surgissent, des bras robustes l'enlèvent, ses pieds sont introduits dans le soupirail, ses jambes et son torse suivent Des mains brutales meurtrissent ses épaules qui entrent difficilement, enfin il tombe sur le sol. Il perd la tête, il court comme une bête en cage, cherchant une issue. Il ouvre une porte, gravit des escaliers, arrive à une nouvelle porte, parvient encore à l'ouvrir et veut fuir. Mais une bande de jeunes gens est là. Les méchants drôles rejettent Michel dans l'intérieur et se précipitent à travers la maison.

77. — Dis-moi qui tu hantes, je te dirai qui tu es.

A la lueur de quelques bougies Michel voit avec horreur les types les plus abjects de la société. Il comprend tout. Il a été joué comme un sot. Il tremble et ne sait comment sortir de ce guet-apens.

— Allons, moutard, ne te désole pas, dit un grand gaillard dégingandé, nous ne te ferons point passer le goût du pain, mais au contraire nous te régalerons de champagne.

— A la cave, les camarades, et buvons quelques bouteilles pour nous donner des forces.

Michel est terrifié, il n'ose refuser. Il voit cinq grands diables sans compter Adolphe qui pourraient lui infliger les plus mauvais traitements. Le champagne lui rend des forces. Il n'a qu'une idée, sortir de là et il se promet que jamais Adolphe ni d'autres ne le persuaderont plus de désobéir à sa famille.

Il ignore encore les pénalités sévères dont on punit l'escalade et l'effraction, mais il est tremblant et bien malheureux.

Tout à coup, un cocorico retentissant s'élève dans le silence profond de ces parages peu fréquentés.

Les grands gaillards se précipitent vers toutes les issues, se heurtant comme des chauves-souris.

— Le premier qui bouge reçoit une balle dans la tête, dit une forte voix.

Des agents de police, une lanterne sourde d'une main, le révolver de l'autre avancent prudemment et attrapent au vol ces malfaisants oiseaux de nuit. Michel reste pétrifié. Il espère n'être pas vu et n'ose respirer.

— Il y a un gamin là-bas, au fond de la pièce, dit un agent, prenez-le et mettez-lui les menottes, comme aux autres.

— Monsieur, s'écrie Michel subitement revenu

à lui, je vous en prie, ne me mettez pas en prison. Je n'ai fait aucun mal, ces garçons-ci m'ont mis de force dans la cave.

— Tais-toi, jeune vermine, tu mens, un honnête garçon ne fréquente pas des gens comme ceux-ci. Ah ! c'est de la belle écume, des rôdeurs, des vagabonds, des voleurs, nous les guettons depuis longtemps. Allons tes bras ou gare à toi.

Michel crie, pleure, se débat. L'agent le prend, le fouille et trouve dans ses poches des couverts d'argent que les autres y ont adroitement glissés, en voyant arriver la police.

Le malheureux enfant comprend qu'il est perdu et marche avec les scélérats vers la prison de la ville. Ses larmes coulent ; ses sanglots éclatent mais personne n'en a pitié.

Il a violé les lois sociales, et les hommes, que ces lois garantissent, sont impitoyables pour les rôdeurs et les voleurs.

78. — Il est plus cruel de pleurer le déshonneur de son enfant que de pleurer sa mort.

Pauvre Sylvie ! Quel réveil ! Elle cherche en vain son enfant dans la maison, dans le jardin et rien encore ne peut lui faire supposer l'horrible vérité.

Son petit, son Michel, où est-il ? Pourquoi est-il sorti si tôt sans rien dire ; elle constate que le lit n'a pas été défait !... Elle a le pressentiment d'un grand malheur et se sauve comme une folle, sans même prévenir son mari qui est occupé dans une serre.

Le quartier est en rumeur, la marchande de lait raconte qu'on a capturé les vauriens qui depuis quelque temps dévalisaient les maisons isolées. Parmi eux est Adolphe, dont les parents habitaient autrefois le quartier.

— Heureusement que la mère de ce monstre-là est morte, dit la laitière, en remontant dans sa carriole.

Sylvie, à ces mots, est prise de vertige, Adolphe aurait-il entraîné Michel ? Elle rejette ce soupçon et court au bureau de police, lorsqu'elle voit venir vers elle Adrien Verberen.

— Michel va-t-il bien ? demande le jeune garçon, avec embarras.

— Michel !... Hélas, je ne sais où il est, murmure Sylvie.

— Mon Dieu, s'écrie Adrien, ce qu'on dit est-il vrai ? Michel serait-il devenu un voleur ?

— Un voleur !... Ose répéter cela, malheureux, et je t'apprendrai à ne pas calomnier mon enfant.

Elle laisse Adrien au milieu de la rue, et préférant la vérité quelle qu'elle soit à l'horrible angoisse qui la torture, elle entre au poste de police du quartier où on ne lui laisse aucun doute.

Elle croit rêver, elle prétend qu'il y a une similitude de nom, une erreur et veut ravoir son enfant.

On l'éconduit en douceur, chacun ayant pitié de cette pauvre mère.

Alain apprend aussi la fatale nouvelle; il ne peut d'abord croire à son malheur et reste anéanti par le sentiment de sa honte.

— Rougir de son enfant, dit le pauvre père à ceux qui veulent le consoler, c'est pire que de pleurer sa mort. Hélas! faut-il que les défauts aient étouffé les qualités de ce misérable? Il était vaniteux et désobéissant. Pourquoi ne l'ai-je pas châtié plus sévèrement? J'ai ma fierté aussi, c'est celle de l'honnête ouvrier; je pouvais aller partout la tête haute, car ma conscience a toujours été nette. Désobéir aux lois, faire du tort à autrui!... Michel a pu faire cela?... Il est plus coupable qu'un autre, puisqu'on lui avait enseigné à discerner le bien du mal. Je veux bien croire qu'on a abusé de sa crédulité, de sa faiblesse, mais il a assez de jugement et d'intelligence pour être responsable de ses actes. Toute ma vie, je rougirai d'avoir eu un fils qui a mérité d'être entre les gendarmes, sur le banc des accusés.

79. — L'enfant coupable de vol n'appartient plus à ses parents, mais à la justice.

La douleur de Sylvie se traduit autrement. Elle court sans cesse de tout côté et obtient l'autorisation de voir Michel. Cette pauvre mère n'abandonne pas son fils coupable ; son cœur plein d'indulgence l'excuse et déjà l'absout.

Michel, en revoyant sa mère, sanglote, se jette dans ses bras et lui raconte comment il a cédé aux perfides conseils des mauvais sujets. Sylvie pleure avec son enfant qui s'accroche à elle et la supplie de l'emmener, mais elle n'en a plus le droit.

L'enfant qui a méconnu l'autorité paternelle, qui a failli à l'honneur et dont l'inconduite est une menace pour la société, n'appartient plus à sa famille, mais à la justice. Et Michel, écrasé de honte et de chagrin, reste en prison en attendant le jour du jugement.

A présent, ses regrets, ses résolutions sont stériles.

Il a reçu des avertissements de sa famille, de ses professeurs, sans en tenir compte, et ceux-ci ne peuvent plus le secourir.

Il n'y a rien à attendre des mauvais sujets : celui qui ment pour voler, mentira pour toute autre chose, par habitude, par envie et méchanceté. Ainsi Michel était bien plus menacé qu'il ne le pensait. Il espérait, comme ses parents, faire entendre la vérité aux juges et implorer leur indulgence, et en être quitte avec la prison préventive.

Mais les vauriens, et Adolphe en tête, se font un jeu du désespoir de Michel; ils l'accusent d'avoir pris part à d'autres expéditions nocturnes, ayant eu le vol pour mobile.

En vain, le fils d'Alain proteste, en vain, il veut établir un alibi; il a trompé ses parents une fois en se sauvant la nuit, il a donc pu les tromper précédemment. Il s'est montré souvent en ville et à l'estaminet avec Adolphe qui, depuis quelque temps, vivait du produit du vol et du maraudage. Enfin, sans se douter de l'importance de ses paroles, Michel a donné à Adolphe tous les renseignements sur la maison voisine de celle où habitait M. Hervé, et c'est grâce à ces renseignements que les mauvais sujets eurent l'idée du vol.

Les juges ne croient pas que cet enfant en soit à son coup d'essai. Les couverts trouvés dans sa poche sont une charge accablante. L'intérêt qu'inspire sa famille, les antécédents de Sylvie et d'Alain sauvent Michel du châtiment réservé à ses compagnons. Ils sont condamnés à la détention jusqu'à l'âge de vingt-et-un ans et Michel est condamné à entrer dans une maison de correction jusqu'à dix-huit ans. Il vient d'avoir quatorze ans! Quatre ans de jeunesse qu'il va perdre et qui seront la punition d'un moment d'égarement.

Il ne comprend pas encore l'énorme différence existant entre la maison de détention qui laisse une tache au casier judiciaire et la maison de correction qui permet la réhabilitation complète.

Ses parents ne saisissent pas non plus cette différence; ils se désespèrent et pleurent l'enfant tant aimé comme s'ils ne devaient plus le revoir.

80. — Il faut subir avec résignation une punition méritée.

Michel fera sa peine à Loos, dans l'ancienne abbaye, fondée en 1140 par Thierry d'Alsace, et transformée en maison pénitentiaire.

Michel, qui a cherché volontairement de mauvaises sociétés, souffre maintenant de vivre avec des jeunes gens dont les instincts n'ont pas été réprimés par l'éducation.

Il pleure, seul, le soir dans son lit, quand personne ne le voit, il pleure sur la douleur de son père et de sa mère, il pleure sur son bonheur perdu par sa faute.

Combien le régime de la colonie pénitentiaire lui semble dur. La nourriture est peu substantielle, la discipline très rude.

A peine arrivé, il voit un jeune détenu indiscipliné et méchant. Ce garçon a d'abord été puni de pain sec, privé de promenade, effacé du tableau de bonne conduite et comme il ne s'amende pas, on lui inflige la cellule, la plus sévère des punitions.

Michel, accablé, se promet d'être obéissant. Il a résisté à la bonté paternelle et maintenant il doit se courber sous la main dure et impitoyable de la justice.

Il se lève le matin à cinq heures et demie, va en classe à six heures, déjeûne à huit heures, d'une soupe maigre, part pour les champs à neuf heures, dîne à midi, soupe à sept heures et se couche à huit.

Il ne mange pas toujours à sa faim, et rêve de la maisonnette paternelle comme d'un Eden.

Mais les regrets sont stériles. Michel comprend qu'il doit subir les conséquences de sa faute, et sa conduite régulière, sa politesse, son instruction le désignent à la bienveillance des gardiens et des administrateurs de la maison centrale.

Michel est malheureux, mais Alain et Sylvie le sont plus encore. La pauvre mère, les mains pleines de friandises, court chaque dimanche à Loos, où elle peut voir son enfant en présence d'un gardien. Elle encourage son fils, le console.

Ces visites, les seules joies de Michel, sont

bientôt remplacées par des lettres. Alain, moins expansif que Sylvie, a été plus rudement atteint ; il est malade, très malade, et son docteur recommande le calme et le repos.

Alain traîne durant un an, et Sylvie voit fondre peu à peu l'épargne péniblement amassée. Elle ne néglige rien, mais, elle est trop crédule, et comme le docteur consciencieux lui ordonne peu de médicaments, pour ménager ses ressources, et qu'il lui laisse entrevoir l'issue fatale de la maladie, elle va trouver un empirique.

Pendant un mois, elle achète, à haut prix, d'infectes drogues que le malheureux Alain avale, pour faire plaisir à sa femme.

Sylvie apprend un jour que l'empirique vend un composé de médicaments avariés, mêlés à des herbages sans vertu et elle cesse de porter son argent à ce charlatan.

Mais une commère du voisinage lui indique un autre charlatan, un uromante belge, qui possède un spécifique, guérissant tous les maux ; Sylvie y court aussitôt et donne encore son argent sans plus de résultat.

La bourse de Sylvie se vide en même temps que la vie d'Alain s'en va.

Dans cette triste situation, le parrain de Michel n'abandonne pas Alain ; il le veille, et reçoit les dernières volontés de l'honnête jardinier.

Alain recommande son enfant à M. et à Mme Malbert et surtout à la douce Geneviève.

Il écrit une lettre très simple et très émouvante où se révèle tout entier le cœur de cet estimable ouvrier, de ce bon et malheureux père.

81. — La raison doit passer avant tout. Quand elle parle, il faut obéir.

Pauvre Sylvie!... Seule à présent. Que va-t-elle devenir? Elle ne peut conserver la garde de la propriété de M. Malbert.

Elle devra bientôt céder la place au nouveau jardinier, et elle pleure le bonheur modeste, les douces joies de famille perdus par la faute de son enfant.

Je travaillerai, pense cette mère dévouée, ne faut-il pas refaire une épargne pour mon fils, quand il sortira de la maison de correction? Il aura plus que jamais besoin de moi et je dois dès à présent préparer sa rentrée dans la société.

Elle attend impatiemment M. Malbert, qui vient de lui annoncer son retour. Des intérêts pressants l'appellent en France; il y restera quinze jours.

Comme toujours, M. Malbert est bon; il trouve pour consoler la pauvre veuve des paroles affectueuses et elle dit ses projets.

— Ma pauvre Sylvie, répond M. Malbert, les

larmes ont affaibli vos yeux et vous ne pourrez presque plus coudre.

— Je me remettrai en service comme femme de chambre et si vous voulez me donner un certificat, il me sera plus facile de me placer.

M. Malbert ne répond pas, il regarde cette pauvre femme, remarque ses cheveux que le chagrin a fait grisonner prématurément, sa figure ravagée par les larmes; il pense que cette mère si cruellement éprouvée a besoin de trouver un secours intelligent et qu'elle succombera à la lutte si elle n'est aidée de ceux qui comprennent les douleurs d'autrui et y compatissent.

— Sylvie, dit-il, enfin, vous êtes souffrante, et il ne faut point trop compter sur vos forces, qui peuvent d'un instant à l'autre vous faire défaut. Mme Malbert et Geneviève, prévoyant cela m'ont chargé de vous offrir une place auprès d'elles. Vous surveillerez notre personnel assez difficile à recruter là-bas. Vous déchargerez Mlle Sensée du soin de veiller aux détails du ménage, dont Mme Malbert ne peut plus s'occuper. Geneviève n'est pas rétablie; la terrible chute qui a failli tuer ma fille a laissé des traces peut-être ineffaçables, et je voudrais alléger le poids écrasant de toutes les charges que Mlle Sensée supporte sans jamais se plaindre. Pourtant, je veux vous laisser en cette grave résolution la liberté la plus complète;

si vous ne pouvez vous résoudre à quitter Lille, vous aurez toutes les recommandations, toute l'assistance qu'il sera en mon pouvoir de vous donner. Réfléchissez et ne prenez pas une décision prématurée.

Le premier mouvement de Sylvie la pousse à refuser l'offre de M. Malbert. Elle aime tendrement Geneviève, elle est toute dévouée à la famille Malbert, mais elle ne peut se résoudre à laisser seul le pauvre Michel.

Avant de prendre un parti définitif, Sylvie va consulter son oncle Derval, le parrain de Michel.

Il habite à Lezennes une maison entourée de terre qu'il cultive ; sa femme est, comme lui, satisfaite de son sort, et Sylvie trouve toujours chez eux bon visage et bon conseil ; elle n'oublie pas que l'oncle Derval lui a souvent reproché de trop gâter Michel.

La ferme Derval.

Le parrain de Michel écoute Sylvie avec une grande attention ; il l'interrompt même pour témoigner l'estime particulière que lui a toujours inspirée la famille Malbert, et quand Sylvie conclut au refus de cette offre généreuse, il secoue la tête comme un homme mécontent.

— Ma pauvre nièce, dit-il, m'est avis que tu as la cervelle un peu affaiblie par tes grandes peines, sans cela tu te hâterais d'accepter.

— Et j'abandonnerais mon pauvre Michel ; non, mon oncle, jamais, jamais, je ne ferai cela.

— Cette résolution part d'un bon cœur, mais la raison détruit souvent les décisions spontanées que le cœur nous entraîne à prendre, et la raison doit passer avant tout : quand elle parle, il faut obéir.

82. — Il faut savoir se résigner aux dures nécessités de la vie.

L'oncle se redressa et prenant les mains de Sylvie, il continua :

— Si tu restes ici, tu te placeras, dis-tu, comme femme de chambre ; tu as du courage, je le sais, tu étais une habile ouvrière, je le sais encore, mais cette terrible année t'a vieillie de dix ans, et tu ne retrouveras pas tes forces d'autrefois. Tes nouveaux maîtres seront en droit d'exiger un service régulier et peut-être plus lourd que tes forces. Tu demanderas aussi des sorties pour aller voir ton fils, mais si tes maîtres ou les domestiques savent que Michel est à la colonie de St-Bernard, à Loos, ton amour-propre en sera cruellement mortifié ; enfin, ma pauvre Sylvie, dans ces conditions-là et telle que je te connais, tu tomberas malade, et au lieu d'aider ton enfant tu augmenteras sa peine.

Fais le sacrifice de ne pas le voir durant un an. M. Malbert espère rentrer en France avec toute sa famille, tu reviendras mieux portante et en état d'aider ton fils.

— Je ne pensais pas à tout cela, mon oncle, dit Sylvie ébranlée, mais que deviendra Michel durant un an ?

— J'irai le visiter, je te le promets, et je lui porterai ce qui pourra lui être utile. A ton retour, nous aviserons, et si la conduite de Michel est satisfaisante, nous prierons M. Malbert de faire des démarches pour obtenir une diminution de sa peine.

— Hélas ! Comment vivrai-je si longtemps sans voir mon fils.

— Tu travailleras pour lui, et tu agiras bien plus dans son intérêt que dans le tien.

Sylvie se rend enfin à ces raisons judicieuses, et veut encore voir Michel avant de prendre une résolution irrévocable. Le pauvre garçon était trop jeune pour comprendre les dures exigences de la vie. Habitué à trouver sa mère indulgente et dévouée, il ne put admettre qu'elle fût en danger de succomber à la peine. Il trouva qu'en cette circonstance elle obéissait à un sentiment personnel. Sylvie parla du mauvais état de sa santé, de sa vue affaiblie, de l'avantage qu'elle trouverait en rejoignant la famille Malbert.

Michel comprit seulement la dernière de ces raisons et se crut moins aimé qu'autrefois.

Il vit partir sa mère avec une morne douleur et trouva plus pénible encore la vie de la colonie. Pourtant, sa conduite et son instruction lui valaient bien des privilèges. Il avait, comme récompense, de la bière deux fois par semaine. On lui assigna les fonctions de moniteur de l'école.

Il souffrait surtout du regret de ne pouvoir augmenter son instruction.

83. — L'ingratitude filiale est la source de bien des peines.

Quand on veut avoir raison malgré tout et qu'on ne recherche les avis de personne, le jugement s'altère, la raison se repaît de sophismes. Ainsi, Michel ne pensant qu'à lui-même ne pouvait être désabusé de ses erreurs. Il recevait de fréquentes visites de son parrain, mais il restait taciturne en sa présence.

Facteur.

Sylvie écrivait très souvent à son fils. Elle espérait lui être agréable, le distraire en lui énumérant ses occupations, et en lui décrivant toutes les choses étonnantes qu'elle voyait pour la première fois.

La population cosmopolite d'Alger l'avait tellement surprise au début qu'elle se croyait en plein carnaval. Les femmes juives avec leur haute coiffure ressemblant à un long cornet renversé, avec leur robe en fourreau, toute chamarrée d'or, et leurs sandales traînantes lui semblaient venir d'un autre monde. Les Mauresques, enveloppées d'un voile qui leur tombe de la tête aux pieds et qu'elles enroulent fort habilement autour d'elles, ne laissant voir qu'un bel œil noir, lui rappelaient les fantômes dont les vieilles gens du village lui avaient narré, dans son enfance, les extraordinaires apparitions. Les Maltais, les Mahonnais, les Arabes du Tell, ceux de la Kabylie, les Espagnols, les Italiens, allant, venant, se croisant, remplissaient Sylvie d'admiration.

Puis, elle disait les merveilles du jardin : les tubéreuses en pleine terre, les fruits exquis mûris par un soleil ardent. Elle décrivait les plaines couvertes de vignobles qui fournissent déjà à la France une très grande quantité de vin.

M. Malbert avait encore acheté des propriétés dans les environs de Blidah, et Sylvie avait vu là des orangeries, dont les fruits sont renommés en Algérie.

Elle disait que la famille Malbert la comblait

de bontés et que Geneviève avait, pour la consoler, des attentions délicates et des paroles qui prouvaient l'excellence de son cœur.

Michel, malgré les fréquentes lettres de sa mère, malgré l'affection qu'elle lui avait toujours témoignée, accusait encore la pauvre femme de l'avoir abandonné. Il se créait un nouveau sujet de tristesse par défaut de jugement, et son ingratitude augmentait sa peine.

84. — Les produits de l'Algérie sont abondants et variés.

Sylvie connaissait le cœur du parrain de Michel; elle savait que l'enfant ne serait point abandonné.

Chaque semaine, Derval allait à Loos voir le jeune détenu et lui apportait ce qui pouvait adoucir la sévérité du régime de la maison de correction.

Sylvie envoyait souvent des colis postaux, dont le contenu était destiné à Michel.

Parfois c'étaient des amandes fraîches dans leurs coques vertes, des mandarines, des caroubes, qui sont de longues gousses brunes, dont on mange la chair et qui viennent du caroubier, puis les fruits desséchés du jujubier.

Il reçut aussi des petits cabas pleins de figues, et Sylvie expliquait dans ses lettres comment se récoltaient toutes ces bonnes choses.

— Les figuiers, disait-elle, sont d'énormes arbres, plus grands que les pommiers du Nord, et ils donnent des fruits en très grande abondance. Les figues fraîches ne coûtent presque rien et elles sont très nourrissantes par la quantité de suc qu'elles contiennent. Il y a aussi des ruches et du miel délicieux.

Ruche.

Sylvie racontait encore qu'il y avait chez Mme Malbert une femme de chambre espagnole, et que le soir elle dansait en faisant sonner ses castagnettes. La cuisinière était Provençale et dédaignait la cuisine au beurre. L'Espagnole et la Provençale se disputaient souvent et prétendaient chacune que leur pays était le plus beau du monde.

Le cocher était nègre ; lui aussi avait des goûts différents.

Tout ce monde-là s'entendait parce que Melle Sensée distribuait équitablement la besogne. Sylvie surveillait la lingerie et soignait Geneviève, dont la santé s'améliorait sensiblement.

Sylvie envoyait d'autres fois à son fils des objets qu'il devait retrouver à sa sortie de l'abbaye ; c'étaient de curieux spécimens de polypiers, des morceaux de corail brut ou taillés, puis des fruits du palmier nain, que les Arabes polissent et dont ils font des chapelets ; enfin un œuf d'autruche et un porte-monnaie en cuir rouge brodé d'or.

Ces attentions donnaient à Michel quelques moments de joie, mais il restait taciturne et répondait aux questions de son parrain avec des réticences qui affligeaient ce brave homme.

— Considère-moi, comme ton père, disait-il, je t'aime d'autant plus que tu as souffert et je ne t'abandonnerai jamais.

— Vos visites me rendent heureux, répondait Michel, mais vous devez comprendre que je ne puis être gai.

— Oui, Michel, je te comprends, mais tu n'étais pas ainsi, lorsque ta mère venait te voir.

— Vous ne pouvez me faire aucun reproche.

— Non, Michel, je suis même très satisfait de ta conduite ; tu as expié tes fautes, et lors du retour de M. Malbert, je le prierai de faire des démarches pour hâter ta libération. Quel état désires-tu choisir ?

— Nous déciderons de cela plus tard.

— Ta mère s'inquiète beaucoup de ton avenir et elle s'ennuie après toi.

— Melle Geneviève la console de mon éloignement.

— Melle Geneviève ne peut te remplacer dans le cœur de Sylvie.

— Maman l'a toujours tant aimée !... Vous savez, parrain, l'eau va à la rivière. L'affection est de même, on la prodigue à qui n'en a pas besoin.

— Serais-tu jaloux, Michel ?

— Non, mais maman n'aurait pas dû me quitter ainsi.

— Comment eût-elle fait pour vivre ici ?

— Quand on veut, on peut, elle ne voit rien au-dessus de la famille Malbert, et surtout de Melle Geneviève.

Presque chaque visite du parrain de Michel ramène des conversations du même genre.

85. — Le malheur rend souvent injuste.

Le mois de juin remplit la campagne de moissons jaunissantes, les jardins sont en fleurs quand Sylvie annonce à Michel son prochain retour. La lettre est toute tachée des larmes de joie de la pauvre mère.

— J'ignore, dit-elle, la date exacte de notre embarquement, mais je suis certaine d'être à Lille avant trois semaines. Mlle Geneviève peut supporter le voyage et elle désire aussi rentrer le plus tôt possible. Je t'écrirai le jour même de notre départ d'Alger. La lettre nous précèdera de peu. M. et Mme Malbert s'arrêteront à Marseille, à Lyon, à Paris, mais n'y séjourneront pas longtemps.

Deux semaines se sont passées depuis lors et Michel n'a rien reçu.

Il est irrité de cette longue attente et en veut à sa mère de le laisser dans une pareille anxiété.

Un matin, Michel est mandé dans le cabinet du directeur de l'abbaye. Le jeune homme est ému, il espère y voir sa mère.

Le directeur lui parle longuement, le félicite de sa conduite, de son travail et lui annonce sa libération. Sa peine est réduite de deux ans.

Michel croit rêver!... Le bonheur le rend muet.

Le directeur ajoute que Michel doit se rendre aussitôt chez M. Malbert, où il retrouvera sa mère.

M. Malbert a prié un de ses parents de faire des démarches en faveur du jeune détenu.

Michel ému, fou de joie, reçoit du même coup ces deux nouvelles. Il va jouir du bonheur de revoir sa mère, de travailler, de vivre auprès d'elle !

Libre !... Libre !... Michel n'entend que cela, ne pense qu'à cela. Libre d'embrasser sa mère sans témoin, de vivre comme tout le monde, d'aller, de venir par la ville! Il est bien heureux et remercie le directeur de la bienveillance qu'il lui a témoignée.

La route est longue de Loos à la rue de la Louvière, et Michel s'étonne de n'avoir pas vu Sylvie. Pourquoi n'est-elle pas accourue dès son retour ? Pour ne pas déplaire à la famille Malbert !... Ah ! cette Geneviève, elle tient le cœur de tous ceux qui l'approchent ; n'est-ce pas assez d'avoir la fortune ? Il est facile d'être honnête quand on a des millions et une institutrice comme Mlle Sensée.

Ainsi pense Michel en parcourant la rue Nationale.

C'est un grand et robuste garçon.

Il a su rester, durant les deux années passées à l'abbaye sans se souiller au contact de quelques détenus dont les instincts sont vicieux et les propos grossiers.

Il comprend la nécessité du travail, mais il souhaite ne rien devoir à personne.

Il ne va pas comme autrefois la tête haute, le sourire aux lèvres vers le gîte maternel.

Il pâlit en approchant de la grille, il pense à son père, il pense à cette nuit funeste dont les conséquences ont été si terribles.

Son cœur est serré en voyant une étrangère dans la petite maison qu'occupaient autrefois ses parents.

Il sonne timidement ; une femme vient lui ouvrir et le guide vers le château.

Tandis qu'il contourne la corbeille centrale de l'avant-cour, il voit descendre du perron une jeune fille élégante à la marche raide, au regard arrogant ; il reconnaît Emma et baisse plus encore son visage couvert de rougeur.

Que pense donc sa mère de ne point être là, et de le laisser ainsi exposé aux humiliations !

Il doit suivre la femme de chambre qui l'introduit dans la salle d'étude. Les stores baissés, les persiennes fermées, atténuent la lumière, et Michel ne distingue en entrant qu'un mobilier luxueux et une profusion de plantes rares.

Il croit que sa mère va venir enfin le rejoindre, lorsqu'il s'aperçoit qu'il n'est pas seul dans l'ancienne salle où tant de fois il a partagé les jeux de Geneviève et de ses amies.

86. — La persuasion, la bonté, ramènent souvent au bien les êtres aigris par la souffrance.

Geneviève, vêtue de cachemire blanc, est étendue sur une chaise longue comme dans son enfance.

Ce cadre, cette toilette, les blonds cheveux de la jeune fille et la douceur empreinte sur son visage, frappent un moment Michel qui ne revoit que la compagne de son enfance et qui va lui tendre la main. Mais il se souvient qu'il a été puni comme voleur et il s'arrête embarrassé.

— Approchez donc, Michel, dit la voix d'autrefois, il me tarde de vous revoir.

Cet accueil trouble Michel. Il s'attendait si peu à tant d'indulgence !

Chaise.

— Prenez une chaise, Michel, reprend Geneviève, je dois vous parler.

Michel approche, mais il reste debout, pressé d'en finir.

Geneviève hésite, elle est émue ; enfin elle parle d'Alain, de Sylvie, et voyant que Michel ne répond pas :

— Je sais, ajoute-t-elle que votre faute a été trop cruellement punie. Vous étiez incapable de voler, Michel, je l'ai toujours dit, et mon père ne vous abandonnera pas. Que voulez-vous faire à présent ?

— Aller à Paris ! dit-il sourdement.

— A Paris !... Ainsi vous quitterez votre mère.

— Elle est bien partie pour l'Algérie quand j'étais à l'abbaye.

— Elle y a été forcée par sa malheureuse position. Voyons, Michel, ne vous entêtez pas, acceptez les conseils, l'assistance de mon père. Il vous demande seulement la promesse que vous lui obéirez comme vous obéiriez à votre père s'il était encore parmi nous.

Michel est ému, mais son mauvais levain remue toutes les pensées qui l'assaillent depuis quelque temps. Un sourire, sourire de révolte, passe sur les lèvres de l'adolescent, et Geneviève voit cette âme, jadis si bonne, prête à sombrer encore.

— Vous refusez, dit-elle, les larmes aux yeux?

— Oui, Mademoiselle, je ne me sens pas de force à faire la promesse que vous exigez. Je travaillerai, j'ai assez souffert pour savoir me conduire, et je suis las d'être commandé. Il est si facile aux riches de faire la morale!...

En disant ces mots, son regard est froid, presque méchant et Geneviève en est plus troublée encore.

— Est-ce donc le fils du brave Alain et de la bonne Sylvie qui me parle ainsi ? Est-ce l'enfant d'autrefois? Votre cœur est comme muré dans des mauvais sentiments et je cherche ce qu'il faut faire pour vous ramener au bien.

— Ma conduite n'est pas mauvaise, Mademoiselle, je n'ai jamais mérité un reproche durant mon séjour à l'abbaye.

— Ecoutez-moi, Michel, dit Geneviève, en se soulevant, tandis qu'une teinte rose passe sur ses joues. L'orgueil, l'envie vous rongent!... Vous vous dites... Cette jeune fille riche n'a qu'à me laisser en paix, il ne saurait y avoir rien de commun entre le pauvre ouvrier, sortant de la maison de correction, et la millionnaire qui me parle!.... Osez me démentir ?

Michel baisse la tête. Il préfère en finir de suite.

Elle a vu clair, tant mieux, elle le laissera tranquille. Mais Geneviève reprend avec véhémence.

— Oh! que c'est triste et misérable. M'envier, moi, moi! Mais au contraire, Michel, j'aurais voulu naître à votre place. Oui, j'ai ce bien tant convoité, j'ai la fortune! Mais cet autre bien, celui que mes parents ont en vain cherché à me donner, je ne l'ai pu recouvrer. Je ne l'aurai peut-être jamais!...

Je suis condamnée à me traîner d'un fauteuil à un autre. Je ne puis marcher sans soutien, et j'aurais aimé aussi les joies, les plaisirs des jeunes filles de mon âge!... J'ai dix-huit ans, et je resterai infirme!...

Ah! Michel, vous trouvez ma vie enviable et en me revoyant après tant d'années de séparation, votre cœur ne vous inspire pas un mot de sympathie pour l'amie de votre enfance!... En quoi vous ai-je blessé?... Quand votre mère pleurait en pensant à son fils, je la consolais, je la réconfortais en lui disant tout ce que j'espérais de votre avenir.

Mais non, vous m'enviez, vous rejetez mon assistance!... Il faut que je vous le dise, c'est lâche et indigne.

Si j'étais ainsi que vous, j'envierais aussi mes amies, mes compagnes, je repousserais leur amitié et je serais doublement malheureuse.

J'ai eu des moments de révolte contre la destinée, des heures de découragement, et je n'ai pas rejeté les paroles de consolation, les sages conseils de mes parents et de Mlle Sensée. Ces êtres dévoués m'ont indiqué la voie à suivre pour trouver le calme d'esprit et la paix du cœur. Ils m'ont dit : — Tu es riche, sois charitable ; tu as besoin d'occuper ta jeunesse, emploie-la à faire le bien, aide ceux qui souffrent, aide ceux qui chancellent à surmonter les peines de la vie, à marcher droit dans le chemin du devoir et de l'honneur !...

Michel, mon compagnon, mon ami d'enfance, je vous en prie, donnez-moi cette grande joie de pouvoir me dire : — C'est grâce à moi, grâce à ma foi au bien, que cet homme est honnête, que cet homme est heureux !...

87. — Quand vient le printemps nous oublions l'hiver, de même le bonheur efface la trace des mauvais jours.

La glace fond autour du cœur de Michel ; il approche de Geneviève.

— Merci, dit-il, d'une voix tremblante, j'obéirai à vos parents, je veillerai sur ma mère, je vous le jure, au nom de mon père !...

Les petites mains de Geneviève serrent les mains suppliantes qui se tendent vers elle pour sceller ce serment et au même instant Michel entend un grand cri, il est enveloppé dans les bras de sa mère et il éclate en larmes en recevant ces baisers, ces caresses maternelles dont il a été si longtemps privé.

Geneviève pleure aussi, et Melle Sensée entoure de son bras la taille frêle de son élève qui veut quitter la salle pour laisser tout à leur joie Sylvie et son fils.

— Vous avez dignement rempli la mission que vous a léguée le bon Alain, dit Melle Sensée, et nous continuerons l'œuvre de régénération que vous avez entreprise. Vous êtes une vaillante jeune fille, Geneviève, et je suis fière de mon élève.

Quatre mois plus tard, une famille se pressait dans la salle d'attente. Des paquets, des valises, des couvertures s'amoncelaient sur une banquette où était assise une blonde jeune fille.

— Michel, vois donc si mon père arrive, je crains qu'il ne soit en retard.

Le voici, dit un jeune garçon frais, bien portant et joyeux, et avec lui, sont vos amies qui viennent vous dire un dernier adieu.

— Comme elles sont bonnes !

Geneviève se lève. Mme Malbert, Melle Sensée et Sylvie se précipitent pour la soutenir

— Vous ne voulez donc pas me laisser marcher seule ? il est vrai que ma guérison est bien récente, dit la jeune fille en s'avançant pour recevoir les baisers de ses amies.

Le train fume, il faut se séparer. Sylvie et Michel vont en Algérie avec le désir d'y rester et transportent les bagages jusqu'au wagon retenu

Bateau à vapeur.

pour la famille Malbert, qui va passer l'hiver aux environs d'Alger. Ils s'embarqueront tous à Marseille.

Pauline, Mathilde et Valentine pressent une dernière fois les mains de l'élève de Melle Sensée.

— Puisses-tu être toujours heureuse, chère Geneviève, disent-elles, toi qui fais aimer le bien, toi qui consoles et relèves les malheureux, toi que nous chercherons à imiter et que nous ne cesserons d'aimer.

FIN.

Lille. Imp. Camille Robbe.

IMPRIMERIE & LIBRAIRIE CAMILLE ROBBE
209, rue Léon Gambetta, LILLE

MÉTHODE DE LECTURE RICHARD

La méthode comprend :

Grands tableaux de lecture (6 feuilles). En feuilles	3 »
Les mêmes, collés sur 3 cartons	8 80
Les mêmes, collés sur 6 cartons	8 »
Petit Syllabaire illustré à l'usage des écoles maternelles, brochure illustrée de 20 pages	» 10
Méthode de lecture, d'écriture et d'orthographe :	
1er livret : Syllabaire, brochure illustrée de 48 pages	» 20
2e livret : Lectures enfantines, cartonnage illustré de 96 pages	» 38
3e livret : Premières lectures graduées, volume de 156 pages, nombreuses vignettes	» 60
Cours de Composition française, théorique et pratique à l'usage des écoles primaires, en 3 cours : Cours élémentaire et moyen, cours préparatoire au certificat d'études, cours supérieur (partie du maître et partie de l'élève), par Richard, Officier d'Académie.	
Résumés d'enseignement moral et d'Instruction civique, rédigés d'après les programmes du 27 Juillet 1882 (cours moyen), par F. Dubus, Officier d'Académie, Instituteur public à Lille. 1 volume in-12 cartonné	60
Résumés d'agriculture et d'horticulture, rédigés d'après le programme scolaire du Nord (cours moyen et supérieur), par P. Déruelle, Instituteur à Clary. 1 volume in-12 cartonné	» 60
Arithmétique et Système métrique : Calcul oral. — 1.000 questions ou problèmes sur des nombres concrets convenablement choisis, divisés en 200 leçons, embrassant le programme officiel du 27 Juillet 1882 (cours moyen), par J. Plumecocq, Instituteur à Iwuy (Nord). 1 vol. in-12 cartonné de 120 pages	» 75
Solutions des 1.000 questions ou problèmes, etc., par J. Plumecocq, instituteur à Iwuy. 1 vol. in-12, 120 pag.	1 »
Geneviève et Michel, livre de lecture courante. Leçons de morale résumées en sentences, par Mme Julia Bécour. 1 vol. in-12 de 226 pages	» 90

Tous ces ouvrages (édition Robbe) sont inscrits sur la liste des livres à mettre en usage dans les écoles publiques.